앞

봎

백은선의 8월

ㄴㄴ〉〈ㄷㄴ

차례

작가의 말 조금씩 옅어지는 슬픔 7

8월 1일 산문 그런 거 없었으면 좋겠어 11
8월 2일 일기 여름이 내게 준 문장들 21
8월 3일 시 소립자 27
8월 4일 편지 여름이었다 31
8월 5일 산문 치사량의 빛 37
8월 6일 시 노래는 빛 45
8월 7일 산문 취미는 해루질 49
8월 8일 산문 돌려받는 사랑 57
8월 9일 시 인간은 신의 알레고리 77
8월 10일 단상 시와 사랑의 단상 111
8월 11일 시 지옥 체험관 123
8월 12일 시 비신비 129
8월 13일 산문 Missed Connection 135
8월 14일 산문 균형 잡기 145
8월 15일 산문 달콤한 인생 155

8월 16일 시 사랑하는 머리 171
8월 17일 단상 망가지고 부서지고 분열된 것들 179
8월 18일 시 봤 191
8월 19일 산문 기억하기를 멈추지 말아요 199
8월 20일 짧은 소설 세상의 끝에서 너와 나 209
8월 21일 시 노래를 듣는 사람 221
8월 22일 산문 빛의 층계 끝에 다다를 때 227
8월 23일 일기 자연스럽게 다치며 살아가기 239
8월 24일 시 침묵의 서書 247
8월 25일 산문 따로 또 같이: 우리의 그림책 251
8월 26일 시 목격자 259
8월 27일 시 마법의 영역 263
8월 28일 산문 나에게 가장 좋은 아픔 269
8월 29일 시 소녀 경연대회 287
8월 30일 시 의미 없는 삶 295
8월 31일 일기 마지막 여름은 나와 함께 305

작가의 말

조금씩 옅어지는 슬픔

 나에게는 두 가지 렌즈가 있다. 한쪽으로는 확대된 세상을 한쪽으로는 작아진 세상을 본다. 그 두 가지를 번갈아 들여다보며 울고 웃는 것이 내가 하는 일의 대부분이다. 나는 자주 멀어진 세상을 바라보는데, 이 생이 내 것 같지 않은 느낌 때문이다. 내게는 잘 실감을 하지 못하고 잘 참여하지 못하는 이상한 증상이 있다. 이 병은 어디서부터 온 걸까. 가끔 묻는다.

 무서운 것이 많다. 영원이라는 말이 무섭고 시가 무섭고 매일매일 자라나는 나의 아이가 무섭다. 그리고 모든 일을 망쳐버리고 말 이 두 손이 가장 무섭다. 나는 언제까지 나를 끌고 갈 수 있을까. 공포를 견디며 한발 한발 내딛는 것이

생의 전부라고. 오래전부터 생각했다.

　다른 것, 새로운 것을 해야 한다는 생각에 사로잡히면 꼼짝도 하지 못하게 되고. 빛바랜 빨강 앞에 서서 희미한 윤곽을 들여다보며. 가장 눈에 띄는 것이 가장 빨리 사라지는 것이라고. 무엇도 앞에 두지 말아야지. 그런 다짐을 한다. 흘러가는 바람 속에서. 흔들리는 풀처럼. 무수히 흔들리며.

*

　나의 현실에서 양들은 통합본으로 제시되지 않는다. 풀밭에서 오려내면 조금씩 다른 테두리. 어긋나는 양상 속에서 아름답게 흩어지는 잎사귀들. 모두가 닮아 있지만 아무도 같지 않다는 게 가끔은 너무 이상하다. 너무 이상해서 시 같다고 말하면 알까? 그 유사와 차이를 자세하게 주목하는 것이 내가 평소에 하는 일. 구별하고 싶지 않은데 구분되어버리는 슬픔 속에서, 가만히 숨을 쉬는 일. 어떨 때는 손을 쫙 펼쳐본다. 주먹을 꽉 쥐어본다. 그러면 조금씩 옅어지는 슬픔이 있다고. 너도 어두운 시간에 혼자만 해보는 그런 것이 있겠지? 그게 무엇인지 알고 싶다.

8월 1일

산
문

그런 거 없었으면 좋겠어

 여자아이는 모래 위에 쭈그리고 앉아 한 손에 비닐봉지를 들고 조개껍데기를 찾는다. 예쁜 것만 골라 비닐봉지에 집어넣는다. 그때 모았던 조개껍데기는 이제 다 어디로 갔을까. 한참을 뒤적이며 오래오래 모래를 뒤적여 찾아낸 아름다움은 어디로 사라져버렸을까. 이마에 맺힌 땀이 흘러내려 입술을 적신다. 바다 냄새가 짙어지는 동안, 파도가 치는 동안.

 이상하게 가슴이 미어질 때가 있어
 실이 끊어진 연이 멀리 날아가는 걸 볼 때
 한밤중 신호등이 일제히 주황 불을 깜박이는 걸 볼 때
 텅 빈 우편함에 손을 집어넣을 때

입술을 핥으며 발견한 것들은 하얀 비닐봉지 속에서 뒤섞이며 뒤섞이며 뒤섞인다. 오래도록 모래를 보며 앉아 있다가 문득 고개를 들면 갑자기 내 좌표가 사라지는 기분이 들곤 했다. 여기가 어디지? 아 맞다. 나는 바다에 왔었지. 몰두하다보면 자꾸 주변을 잃어버리는 것 같아. 어떤 날은 골몰하다 길을 잃어버리곤 하는 일이 신기해서, 일부러 정황을 꾸며본 적도 있어. 아무것도 알 수 없다고 느껴지는 순간의 혼돈과 상실이 좋아서. 의도적인 방황은 불가능하다는 걸 깨달았지만. 내가 나를 어딘가 두고 오는 그런 기분 알지? 쓸쓸하면서도 달콤한 기분.

여기가 어디지? 불현듯 그런 생각이 들면 여자아이는 눈으로 사람들을 좇으며 엄마 아빠를 찾지. 그러다가 멀리 돗자리에 부모님이 앉아 있는 걸 보고 안심이 되어 다시 모래 속에 고개를 파묻는 거지. 손발톱으로 모래알갱이가 깊이 박혀 피가 맺힐 때까지 계속하는 거지. 뭐가 그렇게 재미있었던 걸까. 파도가 치고 파도가 치고 파도가 치는 동안. 머릿속이 새하얗게 되어버릴 때까지. 한 가지 일을 반복하는 것이 어째서 즐거운 거야? 유년은 가끔 마법 같고 되찾을 수 없는 기쁨이 거기 있는 것만 같고.

 어쩌면 즐거웠으리라 착각하고 있는 건지도 모른다. 사실은 즐거운 마음은 하나도 없었던 거 아닐까. 기억은 왜곡되기 십상이니까. 사진 속에서 내가 웃고 있어도 그게 과거의 기쁨에 증거가 될 수는 없는 거 아닐까. 빛은 꼭 무언가를 감춰버리고 마니까. 파란 물이 출렁이던 한낮에 얼마나 많은 것이 은폐되고 있었는지 결코 알 수 없을 테니까. 파도 속에서 커다란 파도 속에서 밀려오고 밀려가기를 멈추지 않는 반복 속에서.

 생각이란 것을 하기 시작해
 생각이라는 것을
 엉킨 실타래를 풀고 풀다가 지쳐 잘라버리고 싶어

 대답할 수 없는 질문을 만들어내는 게 과거의 이미지다. 그 질문에 대한 무수한 대답, 빗나간 답변이 지금의 눈이다. 손이다. 가려진 입이다. 몸은 계속해서 표현한다. 표현하고

자 의도하지 않는 순간에도 몸은 계속해서 어떤 것을 표현하고 있음에 다름 아니다. 굽은 어깨와 기울어진 머리 비스듬히 내리뜬 눈. 기타 등등. 육체를 가진 이상 표현을 그칠 방법은 없다. 영원히 시선에서 사라지는 일 말고는. 몸에 대한 이미지의 기록은 몸의 순간적 박제이고 그런 의미에서 모든 사진에는 분명 무서운 구석이 있다.

    나는 유독 사진 찍는 것을 꺼려하던 시기가 있는데
    사진관에서 찍은 가족사진에 나만 혼자 고개를 푹 숙이고 아래를 바라보고 있다
    마주할 수 없는 것이 있다는 양
    그 사진이 내내 거실에 걸려 있어서
    너무너무 싫었다
    내가 회피하려는 것을 내가 다시금 마주할 수밖에 없는 벌을
    매일 받아야만 하니까

사진을 찍히는 것이 내게 사라지지 않는 상흔을 남긴다면 그건 몸의 영역에 있을까? 아니면 사진을 많이 찍으면

영혼이 빠져나간다고 옛날 사람들이 믿었던 것처럼, 정신의 영역에 있을까? 그도 아니라면 그 둘 사이의 경계에 있는 걸까? 그렇다면 그 경계는 어디에 있을까? 이미 많은 사람이 해왔을 고민을 오늘은 내가 한다.

몰두 속에서 만나는 잃어버림/혼돈/상실과 사진-기록으로 인한 모종의 신체적 훼손/징후적 불안은 어떤 식으로 결부될 수 있을까? 이 두 사건이 서로 관계하고 있기는 할까? 아니면 어쩌면 조개껍데기를 줍는 행위 그리고 그 행위를 사진으로 찍는 것. 다층적으로 동시에 벌어진 사건일 뿐인가?

그저 유사한 결의 공포일 뿐이라고 말하면 되나. 지금의 눈으로 사진을 보며 잃어버린 과거의 시간을 되새기는 것은 과거의 복원인가 잃어버린 과거의 발견인가. 그렇다면 내가 한 장의 사진을 보며 느끼는 '상실'은 얼마나 여러 차원에서 동시다발적으로 벌어지는지, 질문해볼 수 있지 않을까. 나만 이런 생각하고 사나요?

1. 사진을 찍히고 있던 과거 안에서 느낀 주변부의 상실
2. 사진을 찍히던 순간 신체의 박제로 인한 상실
3. 사진을 보는 순간 기억 속 나와 사진 속 나의 불일치에서 느끼는 상실
4. 사진을 보는 순간 '내게 이런 일이 있었나?' 하며 상실을 발견하는 사건에서의 상실

내가 사진 찍는 데 익숙해진 건 결혼과 육아를 통해서였다. 고통에 직접 부딪혀 고통을 치료한다는 게 영 거짓은 아닌 모양이다. 너무 많은 사진을 찍다보니 아 사진이구나. 플래시가 눈속에 새겨지는 아픔에도 적응할 수 있다. 한번 스튜디오 사진을 찍고 나면 눈속에 하얀 네모가 몇십 분씩 떠다녀 어지럽고 멀미가 나던 게.

과거 사진을 보았을 때 내 기억과 사진이 다르다면 나는 기억보다 사진을 믿는다. 모든 영역에서 사진은 기억보다 힘이 세다. 믿을 수 없는 경험을 말로 기술할 때는 아리송해하던 사람들도 사진 한 장을 내밀면 단번에 수긍한다. 인터넷에서도 소위 '인증'을 요구할 때 그 인증의 의미는 '사진'이

지 글이 아니다. 우리는 이토록 막강한 사진의 힘을 어디까지 맹신할 수 있는가. 그 강한 힘이 오히려 지속적인 상실을 야기하진 않을까.

    파도가 치는 걸
    끝없는 풍경을
    계속해서 보고 있으면
    무력하고 거대한 손이 떠올라
    끝없이 깜박이는 불안한 눈이 떠올라
    나는 어째서 파도를 보면서
    그것을 신체로 환원하고 있는 걸까

    또 뭘 잃어버리려고
    잃어버리고만 싶어서

    파도라고 파도가 친다고
    끝도 없이 적어내려가고 있는 걸까

    반짝

터지는 빛

눈속을 떠다니는 하얀 포말

 치마가 펄럭이고 밀짚모자가 날아간다. 하늘색 원피스의 치마가 펄럭이며 주름을 만들어낸다. 팔월 모래사장에서 여자아이는 밀짚모자를 따라 뛰어간다. 파도가 친다. 웃는 사람들 사이를 내달리며 모자를 따라가는 아이의 무릎이 하얗게 빛난다.

 첫 장면은 늘 이렇게 시작한다. 무더운 여름 해변과 파란 바다, 쏟아지는 태양의 환한 숨 속에서. 첫 장면은 계속해서 반복된다. 그 속에서 아이는 나이들지 않고 계절은 변하지 않는다. 붙박인 이미지. 고정된 채 계속해서 낡아가는 혹은 점점 더 눈속에서 선명해지는 하나의 이미지.

 마지막 사진 같은 건 없었으면 좋겠다. 모두 머릿속에 담아둔 채 기억의 풍화를 받아들이며 고정되지 않는 이미지 속에서 다시, 또, 계속 잃어버리고 싶다.

8월 2일

일
기

여름이 내게 준 문장들

 참 신기하다. 지난 여름들을 돌이켜보려 애를 쓰는데, 내 삶의 많은 시간이 이미 어둠 속으로 사라졌다는 걸 알았다. 어떤 시간은 존재한 적도 없는 것처럼 사라진다. 나조차도 기억하지 못하는 나의 삶은 어디로 가버렸을까? 나는 가족들 사이에서 '기억의 천재'로 불리는데, 내가 기억하는 것은 너무나 불행했던 시간과 너무나 행복했던 시간들이라는 것. 극단적인 일들만 남는다.

 그래도 여름 하면 스물두 살의 날들이 기억난다. 그때 나는 휴학을 했고 매일 자전거를 타고 카페에 갔다. 아메리카노 한잔을 시켜놓고 하루종일 카페에 앉아 책을 읽고 시를 썼다. 그때 썼던 A4용지보다 더 작았던 HP노트북이 지금도 생각난다. (그걸 가지고 이집트도 가고 첫 시집도 썼다.) 통유리로 쏟아지던 햇살과 커피 냄새, 사람들이 웅성거리는 소음. 가끔은 밖에 나가 글을 쓰던 순간들이 그립다. 이제 나는 카페에서 시를 쓰지 않은 지 아주 오래되었다. 그땐 단지 글을 쓸 공간이 없어서 그랬을 뿐인데. 아니 어쩌면 아이 때문에 밖에 나가기 어려워져서 그런 걸지도 모른다. 이젠 외출할 수 있을 만큼 아이가 컸는데 왜지?

당시 내가 가던 카페는 할리스커피였는데, 거기는 아무리 오래 있어도 눈치를 주지 않았다. 또 천 원만 내면 아메리카노를 리필해주기도 했다. 그때 썼던 시들은 어디에도 내놓지 못하고, 기억처럼 어둠 속으로 사라졌다. 새에 대한 아주 아름답고 슬픈 시를 쓰고 나서 엄청나게 기뻤던 기억이 지금도 생생하다. 나의 아름다운 새들은 어디로 다 날아가버린 거지?

가끔 너무 글이 안 써지면 카페를 나와 한강까지 자전거를 몰고 갔다 돌아오곤 했다. 내가 살았던 곳은 양천구 신정동이었는데 한 시간이면 한강에 다다를 수 있었기 때문에 마음이 힘들 때마다 자전거를 타고 한강에 다녀왔다. 여의 나루역까지 미친듯이 땀을 흘리며 페달을 밟은 후 그곳 편의점에서 하늘보리를 사 잔디에 앉아 강을 바라보며 천천히 마시고 다시 집으로 향했다. 찢기는 풍경, 온몸을 스치고 지나가는 바람, 온통 들풀과 들꽃이 흔들리던 강변. 그 시간들이 나를 구했다는 생각을 왕왕 한다. 안 그랬다면 미쳐버렸을지도 몰라. 그게 몸에 새겨져 있는 건지, 힘들 때면 자전거를 끌고 밖으로 나가고 싶다는 생각이 든다. 그런데 여기는 한강하고 너무 멀고, 산속이라 경사가 너무 많아 자전거는 내다버린 지 오래다. 그럼 나는 무얼 해야 하나.

아무리 생각해봐도 이제는 내가 무엇으로 검은 구름들을 물리치는지 잘 모르겠다. OTT 시청이 그나마 내가 하는 일인 것 같다. 나는 이제 스물두 살 때처럼 불안정하거나 가능성으로 가득차 있지도 않다. 나의 남은 인생은 어느 정도 예상 가능하고 망치지만 않는다면 그다지 나쁜 삶은 아닐 것 같다(제발 잘 하자 은선아). 다만 매일매일 같은 삶을 언제까지나 애를 쓰며 살게 되겠지. 그런 생각을 한밤중 침대에 누워 하고 있으면 막막하고 답답해서 눈물이 날 것 같다. 가슴에 커다란 돌덩이가 얹힌 기분. 아, 여름에서 시작해서 어찌 여기까지 왔나.

여름은 내게 언제나 시쓰기 좋은 계절이다. 겨울이 되면 마음까지 얼어붙어서 도무지 침대에서 나가고 싶지 않다. 해야 할 일만 겨우겨우 쳐내고 다시 침대로 기어들어가기 일쑤이다. 그래서 나는 겨울이 싫다. 시를 쓰지 못하면, 나는 금세 내가 미워지고 아무 쓸모가 없는 인간이 된 듯한 기분에 휩싸이기 때문이다. 시를 쓰지 않고도 밥을 먹고 잠을 자도 괜찮은 걸까. 나는 여름에 쓰는 겨울 시가 좋다. 내가 쓰는 겨울은 상상 속에 있어서, 조금의 추위도 느끼지 않고 눈 내린 숲에 대해 파도가 거센 겨울바다에 대해 쓸 수 있다. 여름은 내게 좀더 생생하게 피부로 육박해오는 종류의 것. 땀이 흐르고 눈이 부시고 나무들이 신나서 무럭무럭 파래지는 징그러운 것.

옛날에 쓰던 메일의 내게 쓴 편지함을 뒤져 새에 관한 시를 찾아냈다. 나는 그때 너무나 시를 사랑하고 있었구나. 어리숙하고 조금 함량 미달의 시일지도 모르지만, 여기 그 시절 내가 쓰던 것이 무엇이었는지. 여름이 내게 준 문장들을 남겨두고 싶다.

 십오 년 뒤에는 오늘 이 글을 쓰던 나 또한 잊힐지 모르니까. 그건 조금 슬픈 일이니까. 그래서 일기를 쓴다. 잊지 않기 위해서. 그러다 떠올랐다. 내가 처음 글을 쓰기 시작한 이유를. 그건 슬픔과 증오를 잊지 않기 위해서였다. 그래서 아플 때마다 나는 강박적으로 그것들을 기록하는 버릇을 갖게 되었다. 그날의 절망과 분노가 나를 여기까지 데려왔다는 게 고맙고도 아프다.

8월 3일

시

소립자

이건 머리가 둘 달린 작은 새에 관한 이야기야
서로 마주볼 수 없는, 빛에 관한 이야기야
불속에서 형체를 잃고 뒤섞이는 가지런한 나무토막들처럼
막 길을 떠나는 파란 트럭의 속력처럼

포르말린에 담긴 여러 개의 잎사귀들
흔들릴 때
치뜬 눈을 감아 날개 아래로 검은 눈동자를 숨긴다
몇 개의 낱말들이 가로등 빛처럼 쏟아져내린다
자꾸만 미뤄지는 의무처럼
등이 붙어버린 작은 머리통들
설명할 수 없는 것은 끝내 입속에 남아

혀를 검게 물들인다

두 개의 부리가 서로 다른 음색으로
울음을 울곤 해
여행을 떠났다가 기억상실증에 걸린다면
그 여행은 영원해질까
아무런 질서가 없는 곳에서
소매치기를 만나 하루 만에 사랑에 빠진다면

섬을 붙잡고 놓아주지 않는 바다의 모진 손아귀처럼
아픈 사람들이 기다리곤 하는 더 커다란 고통처럼
나는 내 낯선 피의 리듬, 취한 말들의 세계에서
멀어지는 오른손과 왼손 사이에서
무한히 태어나는 환각을 앓는다
결국 내가 내 몸을 잃어버리기도 전에
네가 날 찾아낼 거야, 작은 부리들

거짓말처럼 나무들이 웃는다 밤을 따라서
새들은 날 수 없다

서로 다른 곳을 보기 때문에

이건 그저 닿을 수 없는 먼 후생에 관한 이야기야

빛과 빛 사이에서 부서지는 눈동자

가지가 자라나는 방향을 향해

고개를 돌리는 차가운 숨소리야

8월 4일

편지

여름이었다

 여름의 장면을 상상한다. 울창하고 푸르른 것들을. 강렬한 빛 아래서 흔들리며 생동하는 것들을. 벌레가 창궐하고 시끄러워지는 계절. 모든 것이 녹아 흐르고 썩는 계절. 생명이 일 초에 한 뼘씩 자라나는 계절.

 모든 글의 말미에 "여름이었다"를 붙이면 근사해진다는 밈이 유행한 적이 있다. "여름이었다"는 말속에 포섭되는 것. 저절로 만들어지는 상징. 왜 "겨울이었다"는 안 되고 "여름이었다"만 가능해지는 걸까? 그건 여름의 폭과 의미가 더 풍부하고 깊기 때문일 것이다. "겨울이었다"는 말은 어쩐지 조금 더 비좁아지는 수렴에 가깝다면 "여름이었다"는 감각의 총집합, 증폭에 가까우니까.

여름, 열매가 부풀어오르는 간지러움과 아픔을 생각하며 그 감각 속에서.

생각을 한다. 생각을 한다는 말을. 여름을. 이토록 징그럽고 싱그러운 나날들. 나는 지금 이 글을 쓰는 것이 전생 같다. 어렸을 때 몇 번이나 꿈속에서 겪은 일 같다. 이런 데자뷰 속에서.

여름 속으로 사라진 한 사람을 떠올린다.

우리가 처음 만난 여름. 온통 빛나는 사람. 우린 숲속 냇가에서 만났다. 시원한 그늘 벤치에 앉아 화이트 와인을 마시며 몇 시간이나 얘기를 했는지 몰라. 난 네가 잃어버린 내 쌍둥이 같았다. 이렇게 시간이 빨리 흐를 수 있다니. 어째서 우린 여태 서로 모르고 살았던 거지? 얘기를 하다하다 아쉬워 집으로 자리를 옮겼다. 처음 만난 날. 그럴 수 있을까.

그때부터 매일 우린 떨어지지 않고 꼭 붙어다녔다. 바다로 산으로 절로 한밤의 도시를 질주하고 한낮의 공원을 걸어다녔다. 네 웃음이 내 하루를 뒤흔들어놨어. 온통 빛나는 소녀.

어느 밤엔 마주앉아 양주를 마셨지. 취기가 올라서, 네가 몇 개로 보였어. 요정. 그래 요정이었던 것 같다. 여름에만 찾아오는 그런. 보아서는 안 될 것이 있다고 해서는 안 될 것이 있다고 오랜 시간이 지난 이제야 그런 생각을 해. 네가 사라진 겨울, 눈밭에 서서.

모든 게 사라지면 항상 남아 날 따라다니던 질문. 어쩌다 이렇게 되어버렸을까.

섣불리 어떤 감정도 이름 붙이고 싶지 않은 그런 날들을, 단지 여름의 현상이었다고 말해버려도 괜찮을까. 사라진 요정.

매년 얼마나 여름을 기다렸는지 몰라. 그러다 아무것도 찾아오지 않게 된 날에. 홀로 냇가에 서서 다시, 다시.

돌아갈 수 없어서 다행이다. 기억은 충만하고 푸르게 자라난다. 여름처럼. 무럭무럭. 우리가 바닷가에 도착했던 날. 물이 너무 뜨거워서 금방 나왔던 날에. 어째서 바닷물이 이렇게 뜨거울까? 이상하다 이상해. 그런 얘기를 하며. 맥주를 마셨지. 나는 초조하고 슬퍼져서. 거기는 고창이었는데. 어딜 들어가서 무얼 먹어도 맛있었는데. 더이상 즐겁지 않았고. 어쩌다가 이렇게 되어버렸을까.

문득 새를 잃어버린 사람 이야기가 생각났다. 새 다리에 실을 묶어두었다고 그런데 실이 끊어져서 날아가 버렸다고. 울며 헤매던 사람. 바보 같다고 비웃었는데. 팽팽해진 붉은 실.

네가 바꿔놓은 나를 잊지 않을 거야. 날개를 퍼덕이며 날아가는 요정.

이 모든 것.
이 모든 밤을.

나는 사람의 얼굴로 매일을 지내. 물속에서 풀어지는 잉크처럼 하루하루를 보내. 달력을 보며 날짜를 센다. 넌 아마 지금 그곳에 있겠지. 귓가에서 들리는 웃음소리. 무수한 잎사귀가 흔들리는 소리.

꼭 내가 절망의 계단을 다 올랐다고 생각하며 모퉁이를 돌 때마다 한 층씩 높아지는 건물이 있어서. 그걸 끝까지 오르는 게 내 숙명이라서. 누구도 내 삶에 초대할 수 없다고 생각했어.

몇 층은 아름답기도 했어. 계단은 온통 이끼로 뒤덮여 있고 이상한 풀이 자라 발목을 스치고 밟을 때마다 향기로웠어. 그 불가사의를 다 이해하지 못해서. 나는 몇 년이고 그 자리에 앉아 시간을 보냈어. 숙명을 잊고.

그것이 내게는 너와 함께한 여름이었어.

8월 5일

산
문

치사량의 빛

여행은 시를 쓰기 최적화된 상황이라는 생각이 든다. 물론 혼자 떠나는 여행 말이다. 말도 통하지 않고, 그 누구와도 마음을 나누지도 못하면서, 온통 새로운 것들에 둘러싸여 호기심은 폭발한다.

나에게 그런 여행을 떠올리면 이집트를 여행했던 스물여섯의 여름이 가장 선명하다. 나는 언제나 외로웠고 외로움에 뼈가 녹아버릴 것 같았는데. 지금은 그때의 외로움이 너무나 그립다.

한번은 이집트의 다합에서 그런 일이 있었다. 해안가에 늘어선 카페 중 끄트머리에 있는 곳에서 시를 쓰고 있었다.

갑자기 정전. (이집트에서 정전은 아주 흔해서, 처음 백화점에서 정전을 겪었을 때 나 혼자만 비명을 지른 게 어찌나 창피했는지. 다들 태연하고 아무렇지도 않게 계속 쇼핑을 하는 거다. 당혹감과 두려움 속에서 등줄기에 흐르는 땀을 느끼며. 주변을 둘러보았던 기억. 그치만 곧 나도 샤워를 하다가 정전이 되어도 밥을 먹다가 정전이 되어도 태연자약한 사람이 되었던 게 기억난다.) 저 멀리 해안에서부터 하나씩 차례로 뚝…… 뚝…… 뚝…… 불이 꺼지며 어둠이 다가오는 것. 어둠이 기차처럼 달려오는 것을. 그토록 선명하게 목도한 것은 그때가 처음이다.

모든 빛이 사라졌는데 내 노트북만 어둠 속에서 빛나고 있었고 그건 마치 곧 떠오를 것처럼 보였다. 모니터에는 내가 쓴 글자들이 흔들리고. 나는 아름다움 앞에서 황망히 두 손 둘 곳을 모른 채 다시 불이 켜질 때까지 수 분 동안 그 어둠을 바라보고 있었다.

여행이란 그런 것이다. 어둠이 쏜살같이 내게로 달려오는 것을 그저 가만히 지켜보기. 그리고 그 풍경 앞에 말을 잃고 몸을 고스란히 내맡기기. 어둠과 함께 가만가만 흔들리기.

몇 번은 자다 깨서 여기가 어디인가 낯선 천장을 바라보며 순간적으로 정신을 차리지 못했다. 너무나 깊은 고독감 때문에 침대에 누워 물끄러미 문을 바라보며 생각했다. 저 문을 열고 나가면 집이었으면. 엄마가 있었으면. 여기서 자꾸만 다른 곳을 꿈꿨다. 그렇게나 이곳에 오고 싶어했으면서. 다 버리고 도망쳤으면서.

나는 라마단 기간에 이집트를 여행했다. 먹기도 마시기도 힘든 날들이 이어졌고 가장 힘들었던 것은 술을 마시지 못한다는 것이었다. 분명 이 시기를 예상하고 플랏에 맥주를 잔뜩 사다놓았지만 그것들은 금세 동이 났다. 오로지 술을 마시기 위해 가장 단정한 옷을 차려입고 오성급 호텔에 가 혼자 식사를 하기도 했다. 그곳이 유일하게 라마단 기간과 관계없이 술을 파는 곳이었기 때문이다. 그렇지만 너무 비싸서 주문할 수 있는 것은 감자튀김과 맥주 한잔뿐이었다. 너무 배고파 맥도날드에 갔던 때(문을 연 식당이 맥도

날드뿐이었으므로)에 매장을 나와 담배를 피우다가 길에서 한 무리의 여자들에게 얻어맞기도 했다. 우리는 굶고 있는데 너는 왜 먹느냐고 사람들이 따졌다. 나는 무슬림이 아니니까. 나는 외국인이니까. 아무리 말해도 그들은 듣지 않았다. 나는 가방을 열어 가진 것들을 나눠주고 뛰듯이 도망치는 수밖에 없었다. 이방인이라는 절절한 공포를 유년 시절 이후 그토록 절실히 느낀 것은 그곳에서가 유일했던 것 같다. 라마단 기간에는 먹기, 마시기, 흡연, 섹스가 금지된다. 정말로 신실한 사람들은 침도 삼키지 않는다고 했다. 그런데 그건 해가 떠 있는 동안만이고 해가 지면 첫 식사가 시작된다. 사람들은 낮 동안 주로 모스크에서 지내고 밤새도록 먹고 마신다. 그날치의 금지에 화를 내듯 밤새 거리는 폭동이 일어난 것처럼 시끄럽고 새벽 네시가 되면 해가 뜨기 전 마지막 식사를 하려는 사람들로 온 거리가 북적인다. 해가 떠 있는 동안은 함께 참느라 어지럽고 밤이 되면 잠에 들 수 없었다. 한국에서 생각할 때 라마단은 정신과 육체를 정화하고 신과 가까워지는 고요한 시기일 거라고 생각했는데.

이집트에서 불미스러운 일도 많이 겪었지만 나는 그곳에

서 혼자가 되는 방법을 다시 배웠고 선과 악이 어떻게 뒤섞여 있는지도 알게 되었다. 한번은 길을 잃은 내가 시내에 가는 법을 묻자 집으로 초대해 저녁을 차려준 가족도 있었다. 밥을 다 먹고 나서 그 집 아들이 화장실로 데려가 비누를 주었다. 나는 아 손을 씻으라는 거구나 하고 손을 씻었는데, 그들은 그런 폭소를 터뜨렸다. 그러고는 시범을 보이듯 비누거품을 내어 입술을 씻었다. 끝까지 비누로 입을 닦지 않는 나를 이상하게 바라보며. 그리고 나를 위해 택시를 불러 나를 잘 데려다달라고 기사에게 당부해주었다. 그렇게 따듯한 에피소드로 마무리되면 좋겠지만 호텔에 가는 길에 택시 기사는 내게 얼마냐고 물었다. 그는 말했다. 메이크 러브 하우 머치? 나는 빨간불에 멈춘 택시에서 뛰어내려 뒤도 돌아보지 않고 울면서 미친듯이 달렸다.

치사량의 빛이 있다면 그 빛 속에는 분명 어둠도 함께 들어 있을 거다. 흩날리는 모래 속에 무수히 다른 모양의 각들이 숨겨져 있는 것처럼. 그래서 눈을 뜰 수 없이 아름다운 것들을 보면 멀미가 나는 걸지도 모른다.

다합에서 나는 매일매일 바다에 갔다. 홍해가 있었다. 다합은 세계 3대 다이빙 포인트인 블루홀이 있는 곳이다. 처음 블루홀에 갔던 날 엄청나게 커다란 벽 앞에서 나는 같이 다이빙을 간 영국인에게 물었다. 저 벽은 뭐야? 그는 대답했다. 응 여기서 죽은 사람들. 나는 수많은 이름을 지나 파란 구멍에 몸을 담갔다. 어쩐지 오소소 소름이 돋았다. 비석이 너무 커서, 이름이 너무 많아서 무서웠다. 그 물속에서, 빛이 칼처럼 꽂힌 수면 아래, 수없이 솟아나는 공기방울들이 부서지는 것. 색색의 산호와 물고기떼를 보았다. 분명 무서웠는데 그렇게 마음이 놓일 수가 없었다. 내가 아주 작고 작아져 시간을 거슬러 작은 세포가 되어 바다를 떠다니는 것 같았다. 그 광경을 목격하고 싶어서 매일매일 바다에 갔다.

나는 그 여행을 하면서 많은 시를 썼다. 분명 그건 그때 거기서밖에 쓸 수 없는 것이었다. 별별 일을 다 겪었지만 나는 죽기 전에 꼭 이집트에 다시 가서 몇 개월은 살고 싶다. 마음껏 외롭고 마음껏 아플 수 있는 곳. 그때는 몰랐지만 나는 한국어로부터 도망치고 싶었고 알아들을 수 없는 말에 둘러싸여 숨쉬고 싶었다.

8월 6일

시

노래는 빛

 노래는 빛, 빛의 자리에서 덤블링 파란 바람 빨간 바람 검정 바람 뒤섞여 만들어내는 파도. 뿌리 뽑힌 나무가 공중에서 흔들리고 진아야, 세계는 손안에 맺힌 작은 땀방울이야. 그게 떨어지면 우리는 간다. 노래는 빛, 울음을 꿰매 한 다발의 바다를 만들고 그 안에서 헤엄치는 우리의 목소리. 나무가 잊은 꿈이야. 철의 장막 뒤 영원히 시작되는 무수한 첫 문장이야. 질질 발을 끌며 횡단보도를 건너는 너. 녹색불이 깜박이고. 노래는 빛, 머리채를 당겨 묶은 팔월의 나무들. 올려다보렴. 비처럼 흙이 쏟아질 때. 파란 바람 빨간 바람 검정 바람. 빈손을 허우적거리는 파도 파도 파도. 네가 태어나던 날에는 빨간 빛이 하염없이 땅을 두들겼는데, 심장 박동처럼 무수한 시간 속에서 천천히 느려지는 리듬. 누구도 눈치채지 못한 세계의 호흡. 항아리 안에는 사람들이 숨어 있고 우린 거기 끓는 기름을 쏟아붓는 걸 가장 좋아했지. 노래는 빛, 벌어진 일과 꿈을 구별하는 건 어려운 일. 검지로 손바닥을 꾹 눌러보는 날들. 파헤쳐진 자리에는 언제나 돌이 있었고 우리는 온도를 기억하려고 피부를 사용하곤 했지. 바다의 가장 깊은 곳에는 온통 돌고 있는 회전문. 천 개의 입구.

어디로 이어지는지는 아무도 모르지. 진아야. 언젠가 너를 우주에 두고 데려오지 않은 것, 미안해. 노래는 빛, 노래는 너, 너는 흙속에 묻혀 조금씩 낮아지는.

8월 7일

산
문

취미는 해루질

나는 여름이면 매주 바다에 간다. 당진에 주로 가고 멀리 갈 수 없을 때는 대부도라도 간다. 바다에 가는 이유는 해루질을 하기 위해서이다. 해루질은 내 취미이다. 나는 만년 초보인데 이유는 아마도 스승이 없기 때문일 것이다. 주로 잡는 것은 조개, 소라, 골뱅이, 낙지, 게 등이다. 소라나 골뱅이, 낙지, 게를 잡으려면 밤에 해루질을 가야 하는데 그걸 해루질러들은 '밤루질'이라 부른다. 밤루질을 자주 가지는 못한다. 내 동행은 항상 아이니까. 그래서 낮에 해루질을 자주 가는데(낮에 가는 해루질을 사람들은 낮루질이라 부른다) 그럼 그건 종일 호미질을 한다는 뜻이다. 빛이 있는 낮 동안에는 생물들이 숨어 지내니까. 추광성의 반댓말도 있을까? 독일어에는 있을지 모른다. 어쨌든 내 등에는 항상 햇볕에 그을린 자국이 남아 있다. 그날그날 입었던 옷들의 무늬가 겹쳐져 등에는 삐뚤빼뚤한 선과 동그라미가 숭숭 뚫려 있다.

내가 해루질이 취미라 하면 사람들은 되묻곤 한다. "그게 뭐예요?" 그런데 바다에 가보면 갯벌에 사람들이 개미떼처럼 우글우글한 경우가 많다. 이렇게나 해루질러가 많다니! 그런 날에는 수확량도 아주 적은 경우가 태반이다. 사람들이 전부 파헤쳐놓았으니 잡을 게 없는 것이다. 나는 작은 것들은 잡지 않으려고 하고 잡으면 전부 놓아준다. (새끼손톱보다 작은 조개가 얼마나 귀여운지 모른다.) 부드러운 흙을 파고 또 파고 파내려가면서 무언가를 찾는다는 행위가 내게는 매력으로 다가온다. 보물을 찾았을 때처럼 짜릿하고 기쁘다. 해루질이 취미가 된 이유를 묻는 사람이 있어 곰곰이 생각해보니 그런 게 내게는 좋았던 것 같다. 하는 일의 결과를 바로 눈앞에서 볼 수 있는 것. 글을 쓰는 것은 언제나 혼잣말 같고 아무도 없는 벽에 소리치는 기분인데, 이렇게 바로바로 피드백이 돌아오는 경험이 내게는 필요했던 것 같다. 그리고 종일 앉아만 있는 내 부족한 운동량을 채우기에 해루질은 제격이다. 만 보는 기본으로 걸어야 하니까.

해루질러에게는 바다타임이라는 앱이 필수이다. 거기에는 날짜에 따라 만조와 간조, 일출과 일몰, 월출과 월몰, 물의 크기 등의 정보가 나온다. 그걸 보면 언제든 어느 바다에 가야할지 오늘 바다 상태가 어떠할지를 가늠할 수 있다. 달도 뜨고 진다는 것을 아는가? 바다에 비친 달이 움직이는 것을 보고 있으면 얼마나 예쁜지. 빛의 사다리가 달에서부터 쏟아지는 것 같다.

해루질을 하다보면 말을 거는 사람들이 많다. 잡은 것을 보여달라거나 어떻게 잡았는지 가르쳐달라는 사람들도 있고 가끔은 뻔뻔하게 잡은 것을 나눠달라 떼를 쓰는 사람들도 있다(정중하게 조금만 나눠주실 수 있나요? 묻는 게 아니라, 이렇게 많이 잡으셨으니 좀 주셔도 되는 거 아니에요? 묻는 사람). 나는 바다에서 평소에는 만나지 못했을 다양한 연령의 많은 사람과 대화를 나눈다. 조개 이름을 가르쳐주기도 하고 어디에 많이 나오는지 알려주기도 하고 어떻게 먹는지 설명해주기도 한다. 바다에 오면 사람들은 경계가 사라지나보다. 평소 광화문 사거리에 있었다면 스쳐 지나갔을 온갖 사람들이 내게 와 말을 건다. 나는 그런 일이 재미있기도 하고 반갑기도 하고 때론 귀찮기도 하다(비밀).

　바다는 늘 이상한 아름다움으로 가득차 있다. 떼를 지어 몰려 있는 고동들, 바위에 떼로 붙어 있는 손톱보다 작은 섭들, 따개비, 굴, 갯지렁이, 게, 쏙, 바다선인장(바다선인장은 만지면 형광빛으로 빛난다) 등등 잡지 않는 것들 중에도 살아 있는 것들 천지다. 그리고 어마어마하게 넓고 커다란 갯벌과 커다란 물. 바다를 보고 있으면 내 고민, 내 존재는 아무것도 아닌 것처럼 하찮아지고 인간은 무엇인가? 하는 질문에 가닿게 된다. 달 때문에 이렇게 큰물이 매일 왔다갔다 한다는 게 나는 신기하다. 만월이 되면 꼭 바다에 가야지. 달이 가장 큰 날에는 물이 가장 멀리까지 빠진다. 평소에는 물속에 가려져 갈 수 없었던 땅을 밟을 수 있다. 달은 얼마나 밝은가. 빛을 간직했다가 내뿜는 작은 행성. 그걸 매일 눈으로 볼 수 있다는 건 엄청난 행운이고 눈물나게 신비로운 일이다.

해루질을 마치면 조과통 가득 바닷물을 받아 잡은 것을 씻는다. 몇 번을 헹구고 난 다음 새 바닷물에 담가 락앤락 통에 밀봉해 집까지 조심히 가져온다. 별 수확 없이 돌아올 때도 많은데, 그럴 때는 잡은 모든 것을 라면에 넣어 끓여먹는다. 마땅히 요리를 할 만큼의 재료가 없으니까. 조개가 많을 때는 술찜이나, 파스타를 해먹는다. 몇 번은 조개를 먹다가 진주를 발견한 적도 있다. 판매 가치는 전혀 없을, 1~3mm 정도 될까 싶은 작은 진주들. 자기 안에 들어온 불순물을 감싸 그토록 아름다운 물질로 탈바꿈시킨다는 것은 얼마나 시적인가. 나는 이가 빠져 쓰지 않는 작은 찻잔에 진주들을 모아둔다. 아무 쓸모는 없지만 그래서 아름다운 것들. 나는 그런 것에 끌린다.

아름다움은 멀리 있지 않다.
깊은 그림자 속
몇 번의 시간을 건너
간신히 손을 뻗으면
사라져버리는 신기루 같은 것이 아니다.

바다는 늘 그곳에 있다.

술렁이며

모든 것을 품고

반짝반짝 빛나며

흔들리고 있다.

 여름이 오면 나는 또 바다에 갈 것이다. 종일 태양과 씨름하며 온몸에 흙을 묻히고 땀을 뻘뻘 흘리며 땅을 파내려갈 것이다. 그 안에 뭐가 있는지 모르니까. 모르지만 언젠가 분명히 무언가를 만날 거라는 걸 아니까. 그런 기쁨이 해루질에는 있다.

8월 8일

산
문

돌려받는 사랑

며칠 전 친한 언니와 밥을 먹고 있을 때 언니가 물었다. 엄마로 사는 건 어떤 거야? 나는 이렇게 대답했다. 엄마로 산다는 건 말야 '천국을 등에 업고 지옥 불을 건너는 거야' 말해놓고 보니 정말 그런 것 같았다. 천국은 내 두 팔 안에 있다. 그러나 발아래엔 불길이 넘실거리고 있다. 나는 무서워진다. 혹시라도 놓치면 다 타버릴 테니까. 온몸이 뻣뻣하게 굳어버린다. 한 걸음 걸을 때마다 나는 조금씩 녹아내리고 있다. 끝은 언제야? 언제까지 이렇게 있을 수는 없잖아. 두 다리가 녹아서 사라지면 어떻게 해야 해?

비비언 고닉은 『사나운 애착』(글항아리, 2021)에서 이렇게 썼다. "사실 여자들은 대부분 육아에 소질이 없다. 이제

갓 엄마가 된 이들은 그저 어디선가 본, 배워야 한다고 주입받은 다른 여자들의 행동과 습관을 모방하면서 어떻게든 하루가 무사히 지나가기를 소망할 뿐이다." 정말 그렇다. 무사히 지나가기를 소망한다는 것. 작은 기침소리에 깜짝 놀라 잠에서 깨던 밤들, 단 하루만이라도 네 시간을 연달아 잘 수 있다면 얼마나 좋을까 생각하던 날들, 아이 옆에 누워 자는 척 눈을 감고 있으면 책등이 눈앞에 어른거렸다. 저것들을 꺼내 펼쳐 읽을 수만 있다면 얼마나 좋을까. 이 일이 아니라면 나는 뭐든 할 수 있을 거 같았다. 읽고 싶고 쓰고 싶어서 안달을 했다.

세상에 이런 사랑이 있을까? 누군가에게 내가 없으면 안 된다는 건 정말 엄청난 일이다. 그에게는 내가 세계이고 모든 것이다. 그의 모든 것, 말하는 것 아는 것 먹는 것 작은 동작 하나하나 속눈썹 한 올까지 전부 내게서 비롯된 것이다. 그는 나를 필요로 한다. 필요로 하는 것 이상으로 필요로 한다. 그는 자신과 나를 구분하지 않는다. 그런 세계가 가능하다는 것이 때로 구원이 되었다. 그래서 불속에서 얌전히 견딜 수 있었다. 태어나서 내가 그렇게 쓸모 있었던 적은 처음이다. 나는 늘 나를 쓸모없는 존재라고 생각했으니까. 한동안은 죽음에 대해서도 생각하지 않았다. 아니 생각할 수 없었다고 하는 게 정확할 거 같다. 감히, 그런 은밀한 상상을 즐길 자격을 박탈당했다. 책임지고 끝까지 건너야만 하는 것이 생겼으니까. 엄마라는 건 그런 것이다. 언제나 전신을 기울여 기꺼이 무너질 준비가 되어 있는 상태.

아이는 어떻게 뱃속에서 열 달을 견뎠을까? 너무 어둡고 축축하고 갑갑하고 심심하지 않았을까? 가끔 나의 아이는 얘기한다. '그때는 너무 심심했어. 그래서 빨리 나가고 싶었어.' 그러나 사실 그런 생각은 사후적으로 덧붙여진 것이리라. 아이는 뱃속에서 생각이라는 것을 할 수 없었을 테니까 (아마도). 그러나 온전한 어둠을 찢고 바깥으로 나오는 일이 결코 쉬운 일은 아니었을 것이다. 비좁은 곳을 온몸으로 관통할 때 얼마나 고통스러웠을까. 그리고 첫 울음. 모든 생명은 고통과 눈물로 시작된다. 그것이 인생의 진실이 아닐까. 엄마들끼리 모여 임신했을 때 얘기를 하면 시간이 날아간다. 마냥 즐겁고 쉬웠던 사람은 아무도 없다. 저마다의 사연을 하나씩 듣다보면 세상의 모든 엄마는 대단하고 아름답다는 생각이 든다. 물론 나를 포함해서.

나는 지금 고등학교에서 학생들을 가르치는 일을 하고 있다. (본업은 작가지만 혼자 아이를 키우기에는 작가로서의 수입이 턱없이 부족하기 때문이다.) 우리 반은 전부 여학생이다. 때로 학생들은 내게 임신과 출산에 대해 묻는다. 그러면 나는 최대한 구체적으로 낱낱이 이야기해주는데, 늘 여기저기서 비명과 탄식이 터져나온다. 한 번도, 아무도 그런 이야기를 해주지 않았다고 학생들은 입을 모아 이야기한다. 임신과 출산 없이 세상에 나오는 사람도 있나? 그런데 왜 그 이야기들을 은폐하고 쉬쉬하는지 이해할 수 없다. 말해주면 아무도 그 방향으로 안 갈 거 같아서인가? 이러한 성엄숙주의를 견딜 수 없다. 나는 자궁에서 일어나는 일들에 대해 더 많이 말하고 쓰고 싶다. 여성의 삶과 여성으로서 세계를 바라보는 일이 결코 단일하지 않음을 드러내고 싶다. 또한 대부분의 경우 육아의 기원은 임신과 출산에 있으니까.

나는 지금 잠든 아이 곁을 몰래 빠져나와 책상에 앉아 이 글을 쓰고 있다. 어두운 새벽 혼자 깨어 있는 이런 시간이 없다면 낮 시간을 견딜 수 없을 것이다. 어떤 관계에서든 함께 있기 위해서는 홀로인 시간이 반드시 필요하다. 아이가 아주 어릴 때는 그런 시간을 가질 수 없었다. 한 시간에 한 번씩 젖을 먹여야 했기 때문이다. 나는 이 년 반 동안 수유 패드를 붙인 브래지어를 하고 살았다. 씻을 때를 빼면 단 한 번도 벗지 않았다(처음 아이를 낳고 하룻밤, 속옷을 안 입고 잤을 때 이불까지 다 젖어서 깨어난 뒤 얼마나 많이 빨래를 해야만 했는지). 평소 달라붙는 옷 입기를 끔찍이도 싫어하는 내게 그것은 고문과도 같았다. 그리고 닿기만 해도 소스라치게 아픈 돌처럼 딱딱해진 가슴, 바닥에 퍼질러 앉아 유축기에 젖꼭지를 밀어넣고 꾸벅꾸벅 졸던 밤들, 그 시간들을 생각하면 커다란 바위가 심장을 짓누르는 것만 같다. 영혼이 너덜너덜해진다. 이 몸을 데리고 그 모든 일을 건너왔다는 사실이 믿기지 않는다. 당시 시댁에서는 삼 년은 젖을 줘야 한다고 했다. 그래야 아이가 건강하고 똑똑하게 자란다고 했다. 나는 무지하고 무지해서 그 말을 믿었고 따라야 한다고 생각했다.

처음 엄마가 되어서 모든 말에 귀를 기울이는 시간은 여성의 자주성과 사고력을 약화시킨다. '말을 듣지 않으면 되잖아'라고 쉽게 생각할 수 있겠지만 제대로 자지도 먹지도 씻지도 못하고 혼자만의 시간도 전혀 가질 수 없는 그 시간은 말 그대로 '정신없는' 시간이다. 또한 듣지 않았다가 아이에게 문제가 생기거나 아프게 되면 모든 책임과 비난은 고스란히 엄마의 것이 되기 때문에 처음 엄마가 된 사람들은 타인의 말, 특히 먼저 엄마가 되어본 적 있는 사람들의 말에 무조건적으로 의지하고 따르려는 경향을 띠게 되는 것 같다. 다시 생각이라는 것을 할 수 있게 되기까지 얼마나 오랜 훈련이 필요했는지. 그때 썼던 시들을 보면 온통 아이 얘기뿐이다. 그런 시들은 시집을 묶을 때 넣을 수도 없었다. 오로지 토로에 가까워 얼굴이 화끈거리는 시들. 그거라도 쓰지 않으면 작가로서 나의 경력이 단절될까 두려웠다. 나는 아무렇지 않고 여전히 왕성하게 쓸 수 있다고 증명해야만 할 것 같았다. 청탁이 끊어지는 일, 오로지 '엄마' 이외에는 내 역할도 자리도 없어지는 것, 나는 그게 너무나 무서웠다. 왜 엄마들은 무엇을 끝없이 증명해야만 할까?

잠든 아이를 조심스럽게 침대에 눕히고(등센서 때문에 깨지 않도록) 거실 한켠에 있는 내 책상(자기만의 방은 없었다)에서 조심스럽게 타자를 치던 새벽, 나는 무엇이 그토록 간절했을까. 내 이름을 갖고 싶었다. 미치도록 그랬다. 누구의 며느리도, 누구의 아내도, 누구의 엄마도 아닌 그냥 나. 그 자리가 점점 좁아지고 있었다. 내 머릿속 작은 방에 비상벨이 울리고 있었다. '정말 그냥 이렇게 살 거야? 정말? 쓰고 싶던 것들을 전부 놓아버릴 수 있어? 네 꿈은 어떻게 하려고? 정말이야? 정말로?' 나는 아이를 낳을 당시에 한 권의 책도 없는 작가였다. 한마디로 아무런 경력의 토대도 없었다. 내 임신 소식을 들은 한 선생님께서는 '시집을 내기 전에 시집부터 가더니⋯⋯ 시를 써야지 은선아, 어떻게 하려고 그래?' 말씀하셨다. 그때는 그 말의 의미를 잘 몰랐다. 그냥 나를 축하해주지 않는 선생님이 아주 조금 미웠다. 왜 엄마가 꿈을 꿀 때는 이렇게 많은 장애물이 있는 걸까. 아빠는 마음껏 바깥세상에서 역량을 발휘하는데, 엄마는 왜 아기띠를 하고 빈 유모차를 밀고 다녀야 하는 걸까? 아기를 낳기 전에는 도무지 이해가 되지 않던 것 중 하나가 유모차가 있는데도 아기를 안고 유모차는 텅 빈 채 밀고 다니는 사람들이었다. 이제 내가 그런 사람이 되어서 동네를 유령처럼 배회하고 있었다. 딱히 갈 곳이 있어서 그런 건 아니다. 그냥 말 그대로 시간을 '죽이기' 위해서. 그러다 내가 멈추면 어떻게 알고 아이는 울음을 터뜨린다. 나는 꼼짝없이 '서서, 안고, 움직이기' 감옥에 갇혀버린 것이다. 그러다 운 좋은 날 아이가 곤히 잠들면 나는 놀이터 벤치에 앉아 울었다. 왜 우는지 생각할 겨를도 없었다. 눈물이 나와서 운다. 알뜰하게 아이가 잠든 틈을 타 눈물을 쏟아내야 하니까.

오늘 아이를 재울 때 아이는 내게 이렇게 말했다. "엄마 키워줘서 고마워." 이토록 사랑스러운 존재가 내 곁에 있다는 것은 큰 축복이다. 나는 매일 아이에게서 인간이 얼마나 귀하고 아름다운지를 배운다. 가진 전부를 오로지 기쁨 때문에 나누려는 것을 목격할 때마다 얼마나 목이 메는지 모른다. 그럼에도 나는 컴퓨터를 켜고 레지던시 프로그램 안내 메일을 보며 나도 모르게 '가고 싶다'고 중얼거린다. 아이가 없었으면 갔을 텐데, 생각한다. 사랑이란 그런 게 아닐까. 숲에서 살기로 결정한다면 바다에서는 살 수 없는 거야. 두 장소에 동시에 존재할 수는 없으니까. 그런데 난 그러고 싶다. 알렙처럼 살고 싶다. 불가능하다면 가능하게 만들고 싶다.

  사실 이혼 후 사 년 동안 나는 두 마리 토끼를 (어느 정도) 잡으면서 살아왔다고 말할 수 있다. 그게 어떻게 가능했는지 돌이켜보면 이렇다. 처음에는 베이비시터를 고용했다. 일을 하러 밖에 나오면 시간에 맞춰 돌아가느라 초조한 마음으로 액셀을 밟으며 발을 동동 굴렀다. 그 시기가 지나간 다음에는 친한 친구 동생이 베이비시터 아르바이트를 해주었다. 조금 더 마음 편히 바깥에서 일을 할 수 있었다. 최근 일 년 동안은 엄마가 아이를 봐주고 있다. 월요일부터 금요일까지 우리집에서 지내고 금요일 저녁에 엄마집으로 돌아간다. 나는 웬만한 바깥일을 걱정없이 수행할 수 있는 환경을 가질 수 있게 되었다. 물론 그동안 아이가 많이 자라 손이 덜 가는 것도 사실이다. 스스로 씻고 먹고 혼자 놀이터에도 가고 친구집에도 간다. 보통의 아빠들처럼 밤늦게까지 밖에서 술을 즐긴다거나 친구들과 만나 놀 수는 없지만 대외적인 활동(낭독회나 강연 같은 것들)을 하는 데에 무리가 없는 상태다. 그것은 언제나 누군가 아이를 봐주기 때문에 가능할 수 있었다. 내가 있어야 할 엄마의 자리를 자본, 인맥, 가족으로 메꿔왔던 것이다. 모든 엄마가 이와 같은 환경을 가질 수는 없다는 것도 안다. 또한 나의 엄마가 일 년 전부터 전적으로 아이를 봐줄 수 있게 된 것은 엄마가 아빠와 이혼했기 때문이다. 그전까지 자주 방문하더라도 지금처럼 아이를 돌봐주는 일은 없었다.

흥미롭지 않은가? 내가 포럼에 참석해 '여성의 삶, 여성의 몸'에 대해 진지한 이야기를 늘어놓는 동안 실제 '여성의 삶'을 살고 있는 것은 나의 어머니라는 사실이. 여성으로서 엄마가 겪는 고초와 인생 이야기를 듣고 싶은 사람은 많지만 그 자리에 우는 아이가 있기를 원하는 사람은 없지 않을까. 장막 뒤에는 언제나 보이지 않는 노동을 하는 수많은 손이 있지만 진짜로 그것을 목격하고 싶은 사람이 얼마나 될까.

나는 아이가 초등학교에 갈 때 걱정이 많았다. 이혼 가정 아이이기 때문이다. 수업시간에 가족 그리기 같은 것을 하면 어떻게 하지? 유치원에는 그런 시간이 많았다. 그때마다 아이는 나와 자신, 두 명의 사람을 그려왔다. 그림 속 나는 늘 검정색 옷을 입고 있었다. 내가 검정색을 가장 좋아하기 때문이다. 그런데 단둘뿐인 가족 그림에 엄마는 늘 검게 그려져 있는 것이 어떤 상징처럼 느껴져 마음 아팠다. 혹시라도 다른 아이들이 놀리거나 따돌리면 어떻게 하지? 상처를 통해 나를 원망하게 되면 어쩌지 그런 걱정들이었다. 우리 아이가 다니는 평범한 공립 초등학교의 1학년 전체 인원은 일흔일곱 명이고 한 학급의 아이는 스무 명이 채 되지 않는다. 학급 수는 네 개이다. 아이가 입학하고 첫 담임선생님과의 상담 때 걱정을 털어놓았다. 선생님께서는 이렇게 말씀하셨다. "우리 학급에 한부모 가정 아이가 다섯이에요. 그러니 걱정하지 않으셔도 됩니다. 저희도 그 문제에 조심스럽게 접근하고 있습니다." 이십오 퍼센트 혹은 그 이상. 우리가 '정상 가족'이라고 부르는 가정 바깥에 있는 아이들의 수치이다. 물론 더 윤택한 생활을 영위하는 지역의 경우 다를 수 있겠지만, 대부분 이와 비슷할 것으로 예상된다.

그렇다면 '정상'이란 무엇일까? 엄마 아빠 아이(들)로(마치 광고에 나오는 것 같은) 구성된 가족만 정상 가정인가? 이제 정상 가정에 대한 정의가 바뀌어야 할 때가 왔다고 생각한다. 아니 정상 가정이라는 말 자체가 사라져야 한다. 도대체 무엇이 정상인지 도통 모르겠다. 폭력을 일삼던 아빠와 그 사실을 모른 척 하던 엄마, 돈이 없어서 하루에 라면 한 개를 끓여 국물을 남겨놨다가 밥을 말아 먹던 나의 유년은 엄마 아빠 아이로 구성된 가정이니까 정상인가? 그럼 어떻게 바뀌어야 하느냐고? 정상 비정상을 떠나, 자연스럽게 살 수 있다면 그것이 가장 보통의 가정이라고 할 수 있지 않을까. 의식주의 불편, 심리적 불편을 어느 정도 해결하며 살아갈 수 있다면. 물론 여기에서 '자연스럽다'는 말이 함의하는 것이 무엇인지도 함께 살펴봐야겠다. 나의 경우 부자가 아니고 부모님도 생활보호대상자이다. 어떤 지원도 기대할 수 없다. 나는 아이를 키우기 위해 밤마다 새벽까지 깨어 글을 쓴다. 쓰고 싶지 않더라도 그것이 무엇이건 나는 나를 팔아치운다. 한 번도 청탁을 거절한 적이 없다. 들어오는 일은 무슨 일이건 닥치는 대로 한다. 나는 시 한 편을 이만오천 원을 받고 써주기도 한다. 이만오천 원이면 쌀이 오 킬로그램이다. 나에게는 작은 돈이 아니다. 그리고 그렇게 적은 원고료를 받는 경우에는 내 이름을 달고 나가는 글이라 신경이 쓰이더라도 딱 그만큼만 쓴다. 그저 팔아 치우기

용이다. 그런 나의 무수한 추가 노동(?)으로 우리 가정은 유지된다. 구제 옷가게에서 사온 옷 이름표에 쓰인 이름을 아이 몰래 지우고 새 옷인 것처럼 속이는 일을 포함해서(어린 아이들 옷에는 이름이 쓰여 있는 경우가 많다). 그로써 내 아이가 부적절할 정도로 다른 아이와 깊은 이질감을 느끼지 않을 수 있다면 그게 내게는 자연스러운 것 같다.

퇴근해서 집에 오면 저녁 아홉시 삼십분이다. 오늘은 열한시 삼십분까지 아이와 피규어를 조립하며 놀았다. 그렇게라도 엄마로서 역할을 하려고 한다. 아이가 다른 또래 아이들보다 늦게 자는 것이 마음에 걸리긴 하지만 그건 우리에게 꼭 필요한 시간이니까 어쩔 수 없다고 생각한다. 어떤 가정이든 어쩔 수 없는 부분은 있을 것이다. 그저 할 수 있는 최선을 다하며 그것이 아이에게 더 나은 미래를 가져다 주기를 소망할 뿐이다. 단지 내가 할 수 있는 건 기도뿐이라 최선을 다해 빈다. 씨앗을 심으면서 나무를 상상할 순 있지만 실제 미래의 나무를 볼 수 있는 사람은 없다. 아마도 많은 엄마가 나와 같은 마음이겠지. 스스로 최선을 다하며 나아지기를 바라는 마음. 미래를 온전히 예측할 수 있는 사람은 세상에 없으므로.

 이전에도 아이와 나의 생활에 대해 쓴 일이 종종 있다. 특이한 상황 때문인지 '아이와 나' 혹은 '엄마인 나'를 궁금해하는 사람이 많았다. 나는 이 글에서도 이전에 쓴 글에서도 지나치게 희생에 포커스를 맞춘 것 같다. 여러 가지 까닭이 있겠지만 당연히 가장 큰 이유는 좋은 엄마로 보이고 싶어서다. 언젠가 아이가 커서 이 글을 읽을 수도 있다고 늘 염두에 두게 된다. 그러므로 엄마로서 쓰는 글은 결국에는 미래의 아이에게 보내는 편지이자 탄원서가 되어버린다. 또다른 이유가 있다면 그것은 양육권을 빼앗길 수도 있다는 공포에서 기인한다. 나는 아이를 그쪽 집안에서 '귀한 독자獨子'로 여긴다는 것을 안다. 내 손으로 쓴 글로 내가 상상 가능한 가장 큰 불행을 초래할 수 있다는 공포. 그러니 나는 글 속에서 항상 좋은 엄마다. 이것을 읽는 분들이 그것을 감안하고 이해해주셨으면 좋겠다.

 오늘도 아이를 재우면서 이런저런 이야기를 했다. 나는 자주 "오늘 가장 좋았던 일이 뭐야?" 하고 묻는데, 아이는 이렇게 대답한다. "지금 엄마랑 같이 얘기하는 거." 내 가슴은 사랑으로 북받친다. 세상에, 너는 정말 완벽한 아이야. 나는 자주 말한다. 그러면 아이는 "아니야! 엄마가 그래!" 하고 대답한다. 우리는 한시도 떨어지기 싫어하는 쌍둥이 같다. 윤회가 있어서 다시 태어나야만 한다면 언젠가 너와 쌍둥이로 태어나고 싶다.

나는 우울증을 앓은 지 오래되었다. 대체로 세상은 엉망이고 사람은 사람을 죽이고 전쟁을 한다. 빙하는 녹고 기온은 올라가고 해수면은 높아지고 며칠 동안 미친듯이 비가 내린다. 이상기후가 계속된다. 민주주의 투표로 뽑은 대통령을 둔 대한민국은 OECD 국가 중 자살률 1위를 십칠 년째 유지하고 있다. 나는 많은 엄마가 우울증을 앓고 있을 거라고 짐작한다. 엄마가 되는 일은 가끔 인생이라는 만원 열차에 서서 영영 앉을 자리 없이 종착역까지 가야 하는 일 같다. 그럼에도 불구하고 이 열차에서 내리지 않아야 할 이유가 있을까? 이런 세상에 아이를 낳는 게 옳은 일일까? 나는 영화 〈그래비티〉를 생각한다. 산드라 블록은 인터뷰에서 말했다. "〈그래비티〉는 사람이 모든 희망을 잃었을 때, 그 순간에도 삶에 대한 의지를 지닐 수 있는지, 무엇이 사람을 그렇게 만드는지에 대한 영화다." (기억에 의지한 거라 정확하지는 않을 수도 있지만 의미는 그랬다.) 그 말을 자주 생각했다. '그럼에도 불구하고' 사람을 움직이는 힘은 어디서 생겨날까?

감히 나는 그것이 사랑이라고 말하고 싶다. 볼 수도 만질 수도 없는 것들(사랑, 신뢰, 우정 등등)이 때로 우리를 장악하는 가장 큰 힘이라고 생각한다. 처음 아이를 낳았을 때 아기가 너무 빨갛고 머리가 뾰족해서 놀랐다. 나와 닮은 구석이라곤 하나도 없는 것처럼 보였다. 이 아이가 내 뱃속에 열 달 동안 있던 아기라고? 그런 생각이 들었다. 그냥 우울했다. 너무 피곤했다. 내가 처음 모성애를 느꼈던 순간은 언제였을까? 그건 아마 그 작은 손으로 내 손가락을 꼭 쥐었을 때인 것 같다. 이토록 작고 모든 것을 갖춘 작은 인간이 세상에 있다니! (나는 그때까지 머리카락은 태어난 다음 생기는 것인 줄 알았다. 보조개도, 속눈썹도. 이미 모든 것이 뱃속에서 생겨 있었다.) 이 작은 인간을 내가 끝까지 지켜줘야겠다고 사랑만 알고 폭력은 모르는 사람으로, 그런 가정에서 키우겠다고 다짐했다. 그랬던 아기가 이제 커서 혼자 가방을 메고 학교에 간다. 엄마 안녕! 하고 한번 뒤돌아보지도 않고 정문을 향해 뛰어가는 아이 뒷모습을 보고 있으면 모든 일이 전생처럼 까마득하다.

이미 사랑만 아는 아이로 키우는 일에는 실패한 것 같다. 아이는 여덟 살이 되고 처음 내게 '죽고 싶다'는 말을 했다. 삶이 너무 버겁다고 그랬다. 엄마 초등학교 졸업하면 뭐 해? 중학교 가지, 중학교 졸업하면? 고등학교 가지, 고등학교 졸업하면? 대학교 가거나 취직하지, 대학교 졸업하면? 대학원 가거나 취직하지, 취직하면? 계속 일하면서 사는 거지. 맙소사! 그게 인생이라고? 그래 그게 인생이야. 취직하고 살면서는? 결혼 할 수도 있고 안 할 수도 있지, 결혼 하면? 아이를 가질 수도 있고 안 가질 수도 있지. 이런 대화를 한참 하다보면, 인생 전체를 조망하고자 노력하는 아이의 마음을 보게 된다. 그런데 들려줄 얘기가 겨우 이런 것뿐이라니. 이제 그만 노력해도 된다고 영어 같은 건 몰라도 되고 공부도 안 해도 된다고 말해주고 싶지만, 나는 뺄셈 숙제를 펴고 아이와 나란히 앉는다. 왜 이걸 알아야만 해? 살면서 무엇이 필요할 때 얼마만큼 필요한지, 살면서 무언가를 만들고자 할 때 어떤 수치로 설계할지, 직업을 갖고 돈을 벌 때 얼마를 쓰고 얼마를 모을지 고려할 때 그런 모든 일에 필요하기 때문이야. 나는 백 원짜리 동전을 옆에 쌓아놓고 하나하나 세기 시작한다. 봐 이게 얼마지? 아이스크림이 팔백 원인데 천 원을 내면 동전을 몇 개 돌려받게 될까? 가끔은 화가 나서 나는 "네 인생이야 너 살고 싶은 대로 살아!" 하고 말해버린다. 그러고는 등을 돌린 아이에게 재차 묻는다. 정말 안 할 거야?

이렇게 엄마 마음은 하루에도 수천 번 지옥과 천국을 오간다. 근데 그래도 괜찮은 것 같다. 사랑하니까 사랑하니까. 너 대신 살 수는 없지만 네가 잘 살 수 있게 항상 옆에 있고 싶다. 너는 항상 죽을 때까지 엄마랑 살 거라고 하니까, 그 약속 꼭 지켜주기를 바라. (농담)

8월 9일

시

인간은 신의 알레고리

이것은 한 번도 만난 적 없던
쌍둥이가 만나는 이야기다
사랑을 질병으로 여기던 시대의 이야기다

빨간 지붕이 늘어선 언덕을 넘고
바다를 지나 숲을 건너는 이야기다

두 손을 앞으로 뻗은
가녀린 식물의 수런거림이다

이것을 읽으면 이전으로 돌아갈 수 없다

*

옛날옛날 아르헨 왕국에
왕과 왕비가 살고 있었단다

폭설이 내리는 밤 왕비는

초록 눈의 쌍둥이를 낳았지

그들은 태어나자마자 찢어져야 했어

한 명은 여왕의 품으로

한 명은 전쟁중인 이웃 나라로

투명한 것을 너무 오래 마주하고 있으면

믿음은 순식간에 사라지고

구겨진 시야 찢어진 종이

녹아버린 눈 속의 눈

무르고 따뜻한 것이

물위를 떠가는 동안

사라지는 것

너무 오래 바라면 점점 단단해져서

마음을 멀리 쏠 수 있다

진공 속에서 진공 속에서

연마되는

                              *

하나와 라나는 서로의 꿈을 꾸었어
그게 자기인 줄로만 알고

빛나는 초록 눈이 어둠에 물들 때
어둠 속에서 빛이 돋아날 때
꿈은 영혼을 들어올린단다

햇빛 아래서 두 팔다리가 전부
녹아내리는 꿈
잿더미 속에 묻혀 눈을 감아

지나가버린 일을 잊는 병에 걸려서
우린 행복해
엄마가 말할 때
하나는 책장 깊이 꿈을 밀어넣으며
숨을 고르지

물론이죠 저는 매일 하나예요
레이스에 둘러싸여 점점 비대해지는 엄마
아빠는 언제 돌아와요?

전쟁이 끝나면
전쟁은 언제 끝나요?
한쪽이 포기하거나 전부 죽으면
애초에 전쟁은 왜 시작된 걸까
하나는 소파에 기대 앉아
꿀단지 속 꿀을 콕 찍어 손가락을 빨아먹으며 생각했어

너무 넓어서 성은 아직도 미로 같고
무엇과도 가까워질 수 없이
혼자 잠드는 밤마다
침대가 점점 높아지는 것만 같아

언젠가 구름을 밟고 올라가 눕게 될지도 몰라요
그게 네가 견뎌야 하는 축복이란다

밤마다 그림자들은 일어나 홀을 배회하고
무엇을 잃어버렸는지 알지 못해서
미끄러지는 어둠은 민달팽이 같고

*

라나는 높은 탑에서 자랐어
라나의 눈은 늘 가려져 있었지

초록이 깊어 마주치면 마법에 빠진다고
봐선 안 되는 것이 너무 많다고
사람들은 수근댔어

가리면 가릴수록 더 많은 비밀을 알게 되어서
가슴속에는 진주처럼 흔들리는 것이 가득했다
뒤척일 때마다 차르르차르르 심장 속에서
소리가 났다

아침마다 나선의 긴 계단을 내려올 때

라나는 쏟아질까 조심히 발을 옮겼지

매일
한 번의 외출
한 번의 인사

난 불행해지려고 태어났다

라나는 자주 생각했어
창밖의 새가 우는 소리
멀리서 날아오는 타는 잿빛 냄새
밤에만 볼 수 있는 빛들

이렇게 긴 악보를
언제 다 연주할까?

호흡의 반대말은
이해하게 될 때마다 희미해지는

아름다움이 라나를 덮칠 때
점점 더 커지는 천 얼굴을 가리고

꿈을 되새기는 버릇
손가락을 빠는 오래된 버릇

본 적도 없는 긴 복도를 배회하는 꿈을
매일매일 꾸고 꾸며 도착한 문은
절대 열리지 않으며

*

마침내 아빠가 돌아왔을 땐 깜짝 놀랐지
낯선 남자가 말 위에서 나를 내려다봤지

하나야
하나야

다 커버렸다는 건 무슨 소릴까?

커다란 나팔소리가 온 나라를 채우고

밤새 불빛이 일렁거려서

두려움은 기쁨과 짝인가봐

밤마다

엄마는 자꾸 잃어버린다

무엇을?

보고 싶지 않아도 매일 봐야하는

멍든 거울이 있어서

그걸 폭설이라고 뾰족한 손톱이라고

꿈

나는 헤매고 헤매며 진땀을 흘린다

눈물 대신

꽉 쥔 주먹의 빨강

방문객이 늘어나고

무릎을 굽혔다 펼 때마다

미소 미소 미소

아빠 앞에 엎드리는 많은 상자

이런 것이 기쁨이라면

하나는 기다려온 것은 결코 도착하지 않는다는 걸

조금씩 알게 되었지

*

라나는 평생 탑처럼 꼿꼿했다

굽어질 수 없는 나무처럼

손가락이 많은 창문처럼

이상하고 아름다운 것

그게 라나의 이름이었어

패전국의 아침

패전국의 밤

분노의 오케스트라는
라나를 향해 연주됐다

너는 쓸모없어

입속에서 쓸모라는 말을 곰곰이 더듬을 때
혀 위로 자라는 풀 무더기

보따리 하나
안에 든 건 빗
커다랗고 딱딱한 빵
얼굴을 가릴 때 쓰던
처음부터 라나를 싸고 있던 천
그게 전부였지

해가 지는 방향으로 계속 걸으면 도착한다
알고 있는 전부였단다

*

빨간 지붕이 가득한 거리로 나왔을 때
이렇게 많은 사람은 처음 본다
온통 소음에
귀를 틀어막아도
자꾸 들리는 심장소리

발끝만 보며 걷고 또 걸으며
모든 게 멀어지고
모든 게 가까워질 때까지

밤이 오면 벽에 기대 쉬고
해가 뜨면 눈물을 찍어 빵을 뜯어 먹으며
나는 서쪽으로 이동했다

초록이 두 발을 엉망으로 만들 때까지
두 눈을 잠그고 그 안에 붉은 지도를 펼쳐놓고
몇 개의 언덕을 넘고 또 넘어

모래 모래 모래

모래 모래 모래

모래 모래 모래

온통 모래뿐인 곳에 도달했던 날

나는 처음으로

주저앉아 머리를 빗고

천을 걷어 넘실거리는 파랑을 마주봤다

그게 뭔지도 모르고

눈물을 흘렸다

*

아르헨 왕국에 가려는 거지?

늙은 노인이 다가와 라나의 어깨를 흔들며 물었어

아 르 헨

그곳이 서쪽 나라라면 맞습니다

네 눈은 정말 아름답게 빛나는구나

어떤 어둠도 빛낼 눈이구나

네 눈을 하나 다오
넌 이미 두 개나 가졌으니

라나는 며칠 동안 노인을 무시하며
해변에 앉아 있었지만
눈과 바다를 바꿀 수밖에 없음을 알았어

왜냐고?
혼자 힘으로 파랑을 들어올린 사람은 없으니까

*

애꾸눈의 라나
얼굴을 가린 비천한 왕녀

심장을 부수며 날아가는 새들
피눈물을 흘리며
배는 나아가지

반짝이는 것을 신고
멀리까지

아르헨
르
헨

아아아아아아
한 번도 소리 지르는 법을 배우지 못한 라나는
파도를 속으로 삼켰단다

마침내 육지에 도달했을 때
흘러내려 물속으로 사라진 것은 무엇이었을까
검은 그림자의 긴 꼬리
손안에 새겨진 물보라의 운명
혹은
마음이라 불리던 것

모래뿐인 어둠은 바늘처럼 계속되었고
얼굴을 가린 라나는
소리를 되찾으려 끝없이 기침을 했지

누가 내 귓속을 가위질한다

라나가 풀썩 쓰러져 눈을 감았을 때
하나는 폴짝 뛰어올라 침대에 누웠지

*

낮은 천장이 보였다
처음 보는 낯선 천장
알아들을 수 없는 말소리

이곳이 내가 찾던 집인가 속으로 생각하다 호기심이 가득한 눈동자들을 보고 아니구나 직감으로 깨달았다 동그랗게 몰려든 사람들이 저마다 질문을 쏟아냈지만 도통 알아들을 수 없어 갸웃거릴 뿐이었다

  그때 한 노인이 아이의 손을 잡고 들어와 익숙한 말로 물

었다

당신은 주샨에서 온 것이 맞습니까?
맞습니다만 저는 아르헨 사람입니다
그런데 왜 우리말을 못합니까?
태어나자마자 주샨에서 자랐기 때문입니다
어떻게 이곳에 돌아왔습니까?

나는 말없이 베일을 벗어 얼굴을 보였다
술렁이는 소리가 사방 벽을 울렸다

검은 구멍
검은 구멍

꽉 들어찬 어둠

*

며칠째 사람들은 논의를 이어갔어
라나를 어찌할 것인가?

라나는 정말 아르헨의 왕녀가 맞는가?
맞다면, 정말 그렇다면……

소년이 방문을 열고 들어와 검은 천을 건네주었어

이제부턴 이걸 쓰시래요
하얀 천은 너무 낡아서 곧 바스라질 거래요

라나는 검게 물든 시야
새로운 그림자로 세계를 봤지

아무것도 묻지 않는 것
순종하는 것
그것은 라나가 평생 사력을 다해 연습한 것들이었단다

*

마을의 이름은 바다끝
외지인은 이곳에 오지 않는다

몇 대째 근친으로 태어난 아이들은

조금씩 뒤틀려 있고 무언가 하나씩 없었다

나처럼

나는 점점 이곳을 제자리라고 생각했다

아이들은 졸졸 쫓아다니며

가짜 공주님 가짜 공주님 내 행동을 하나하나

따라 하며 지켜보았다

빙글빙글

몇 번의 계절이 지나는 동안

나는 아이들에게 말을 배웠고

철없는 아이 같은 말투, 창백하고 아름다운 얼굴

나는 순식간에 다른 것이 되어간다

마지막 눈이 내리던 날 창밖을 바라보다 결심했다 이제 다시 모험을 떠날 때가 되었다고 밤마다 꿈속에서 높은 의자에 앉은 내가 울고 있었기 때문에 계단을 오르고 오르면 단두대 앞에 늙은 여자가 앉아 거대한 몸을 뒤틀며 하염없이 나를 불렀기 때문에 길고긴 손가락들이 창을 부수고 이 불속을 파고들어 끝없이 온몸 할퀴었기 때문에

*

  바다끝을 벗어나려면 반드시 높은 벽을 넘어야만 했지
  이십사 시간 내내 경비가 벽을 지켰거든 통행증 없이 벽을 건너가는 일은 불가능했어

  통역사가 라나에게 말했다
  방법이 없는 건 아닙니다 교대 시간에 이십 분간 감시가 사라지니까요 꼭 수도에 가셔야겠다면 제가 함께 가겠습니다

  파도가 가장 작은 무시에 둘은 출발하기로 했지
  달빛이 제일 흐린 날

  머리끝부터 발끝까지 엎지른 검정
  초조함에

손끝을 물어뜯는 라나는

아직도 새로운 어둠이 세상에 있다는 사실에

놀랐지

*

아빠는 하나의 치마를 들어올려 사람을 완성하고

하나는 그날부터

말없이 웃기만 했어

웃음이 계속되면 행렬의 끝은

하나의 두 손을 꾹 짓누르는 파랑 돌

대물림 되는 멍든 거울 속

꺼져가는 초록빛

사랑이 가득한 성은 내내 환해서

꿈: 벽 뒤엔 벽 벽 뒤엔 벽 벽 뒤엔 벽

지나고 지나도 끝없는 파랑

이걸 다 건너려면 날개가 있어야 해

가려워 가려워

뒤척이다 깨는 밤마다

속삭이는 소리

벽

벽

벽

      *

긴 송곳을 벽에 박아넣고

한 뼘씩 기어오르기

벽이 우리를 가려주길 빌며

노인과 나는 높이 높이 매달린다

오 분 십 분 십오 분

시간이 흐를 때마다 뚝뚝 떨어지는 땀

마침내 꼭대기에 다다랐을 때
발을 헛디뎌 노인은 반대편으로 추락했다
커다란 횃불이 일렁이며 내 얼굴을 비췄지

나는 결코 이전으로 돌아갈 수 없게 되었다는 걸
알았다

*

구름 계단을 내려오며 하나는 빈다
오늘 밤에는
검정이 문턱을 넘지 않게 해주세요

엄마
지켜주세요

매일 새로운 시녀가
하나의 시중을 든다

하나는 제일 예쁜 옷을 입혀

계단 위로 시녀를 떠민다

같이 자자

성을 어지럽히는 소문

하나와 함께 잠들면
성에서 내쫓긴다

회색 잠옷을 입은 하나는
오늘도 꿈속을 헤맨다

어둠 속으로 추락하는 새
일렁이는 도깨비불의 다른 이름은

어깨를 흔들어 깨우고 싶은데
눈을 뜨니 꿈속의 나는 텅 빈 눈구멍으로
볼 뿐이야
무엇을?

그걸 미래라고 한다면 이해할 수 있겠니

           *

라나는 병사들에게 둘러싸였지
아르헨의 말로
라나는 말했어

비켜 나는 왕녀다

벽을 울리는 폭소
일순간의 정적

베일을 벗은
새

++++++++++++++++++++++++++++
++++++++++++++++++++++++++++
++++++++++++++++++++++++++++
++++++++++++++++++++++++++++
++++++++++++++++++++++++++++

++++++++++++++++++++++++++++++

++++++++++++++++++++++++++++++

++++++++++++++++++++++++++++++

가장 높은 탑의 영혼이 휘청거렸지

둥글게 말린 빛의 끝이 묶어버린 운명

굳게 믿어온 얼굴의 안쪽부터
날개는 무너졌단다

*

말을 타고 온 남자가 무릎을 굽혀 라나에게 절을 한다
제가 성으로 모시겠습니다

달리고 달려
숲을 헤치고
달빛을 밟고
두근거림이

모든 세포를 터뜨릴 때까지

라나는 세계의 리듬을 다시 배워야 했어
가슴을 온통 흔들던 것이
전부 쏟아질 때까지

마지막 밤 여관 문을 닫으며
기사는 말했지

제가 성에 전갈을 넣겠습니다
그때까지 쉬고 계십시오

라나의 긴 한숨은 불의 노래
선율은 아이들에 관한 것이었어
지워진 발 잘려나간 손
비스듬한 몸들
바람에 흔들리는 작은 가지들

라나가 깊이 잠든 것을 확인한 기사는

라나의 눈을 벌렸지

순간 라나가 깨어나 말했다

가져가요

초록 광채가 빛나며 그를 꿰뚫었다

칼을 비틀어

하나 남은 눈을 도려냈다

눈뜨고 감아도

오로지 하나만 보여

*

승전 일주년 기념 행렬의 맨 앞에는

아빠와 하나가 마차에 앉아 손을 흔들고 있었어

넝마를 걸친 여자가 마차를 향해

중얼거리며 다가갈 때

호위무사들은

여자를 발로 차 막았지

부른 배를 끌어안은 하나는 안간힘 쓰며
웃고 있었어

하나는 점점 길어지는 계단에 끝이 없다는 걸 알면서도
계속해서 올라갔단다

라나가 매일 계단을 내려가며 가슴을 꼭 쥐었던 거 기억 나지? 그것처럼

후에 장님 여자가 성벽 아래서 밤마다 부르던 노래가
널리 퍼져
성까지 닿았단다

>내 이름을 부르는 소리
>나는 타오르는 불
>탑에서 태어난 소문의
>매일 복도를 헤매는 꿈을 꾸고
>숲을 건너고 파랑을 넘네

창백한 심장 속 속삭임
이 노래를 들으면 이전으로 돌아갈 수 없네

그걸 세상 사람들은 아마 운명이라 부르겠지

눈이 펑펑 내리던 날
하나는 초록 눈을 가진 딸을 낳았단다

엄마
하나는 아기를 내려다보며 말했지

그뒤로 어떻게 되었냐구?
같이 상상해볼래?

1

내리는 눈속에 파묻혀 잠든 라나는 그대로
하늘나라에 갔어

하나는 그날 밤 꿈을 꾸었지

검은 새가 발치에 떨어져 죽는 꿈

그리고 하나는 엄마를 키우며
평생을 성에서 살았다

하나의 마지막은 아무도 몰라
어느 날 갑자기 사라졌거든
엄마처럼

2

하나와 라나는 계속해서 서로의 꿈을 꾸었던 거 알지?
그런데 하나가 아이를 낳던 밤부터
둘은 그 능력을 잃게 되었단다

왕이 죽고
하나는 여왕이 되었는데
폭군이 되었어

진실을 말하는 사람들을 다 죽여서

하나 곁에는 아무도 남지 않게 되었지

그런데 계속 성 너머에서 전해지던 노래만 유일하게
진실을 이야기했지

하나는 라나를 궁으로 불러들여
단두대에 목을 매달았어

진짜를 잊는 병에 걸려버렸거든

3

자고 있는 왕의 침실에 불을 지르고
하나는 아기를 데리고 성을 빠져나왔어

그때 마침 노래하고 있는 라나를 마주쳤지
셋은 들판을 걷고 숲을 넘어 바다끝까지 갔단다

거기서 행복하게 오래오래 살았단다

*

자, 어떤 결말이 마음에 드니?

나도 그렇단다

벌써 밤이 깊었네

이제 자자

8월 10일

단
상

시와 사랑의 단상

*

 물결을 지치며 날아가는 새떼를 보았다. 너무 아름다운 빛, 윤슬. 부서지며 흔들리는 것들. 손끝에서 생겨나는 둥근 어둠. 돌을 꽉 쥐고 서서. 보았다. 자꾸만 나를 능가하는 아름다움이 무섭다. 불의 가장자리를 오려 목걸이를 만든다. 그걸 네 목에 걸면, 너는 웃을까? 아파할까?

*

 죽은 줄 알았던 화분에서 싹이 날 때. 생명은 내가 이해할 수 없는 가장 단단한 어둠이고, 어둠만이 빛을 끌어당긴다는 생각. 그날은 하염없이 비가 왔는데 너는 우산을 집어던지고 당당히 빗속으로 걸어들어갔는데. 나중에서야 네 기분이 무엇이었는지 겨우 알 것 같았다. 사실 아직도 잘 모르겠다. 비에 대해 비유로만 말하기로 했잖아. 그때 너는 비를 종소리처럼 내린다고 했고 나는 총알처럼 쏟아진다고 했는데, 결국 마지막에 당도한 건 비가 비처럼 내린다는 것. 그것보다 더 맞는 말이 없어서.

*

나무 아래 누워 하늘을 보면 자꾸 뭔가 잊어버린 게 있다는 생각이 들어. 무언가 놓고 온 게 있는데, 기억조차 하지 못하는 기분. 이런 마음이 늘 나를 불안하게 만들어. 진짜 중요한 걸 놓치고 있다는 거. 어두운 밤 강변북로를 달릴 때 자꾸 무언가 나를 치고 지나간다고 생각한 것처럼. 그걸 몰라서 살 수 있는 걸지도 몰라. 아는 순간 다 끝나는 게임을 하고 있는 걸지도.

*

형태를 잃어버린 사물은 더이상 그 사물이 아니게 되는 걸까? 한번 생겨난 소리는 영원히 사라지지 않고 공중을 떠돈대. 우리가 음속으로 달릴 수 있다면 그걸 다 들을 수 있대. 언젠가는 그 사실이 내게 구원이었고, 그렇다면 우리가 나눈 말들도 영원히 사라지지 않을 거라서. 네가 존재한다는 게 믿기지 않을 때, 우리가 전부 가짜인 것만 같을 때마다 그걸 생각했어. 그러면 나는 조금 괜찮아졌어. 소리의 속도로 날아 전부 듣게 된다면, 얼마나 시끄러울까. 거기서 네 목소리를 찾아낼 수 있을까.

*

때로 스물다섯에 살던 아현역 앞에 늘 취해 쪼그리고 앉아 있던 할머니가 떠오른다. 항상 취해 화를 내고 소리를 지르던 할머니. 나는 그 할머니가 미래에서 온 나라고 생각했다.

*

끝없이 죽은 사람에게 전화를 걸던 이야기를 시로 썼다. 받을 수 없다는 거 아는데. 알면서도 계속 전화를 걸던 일. 어느 밤 그 사람이 전화를 받아 평소처럼 잘 지내냐고 물어주기를 바랐다. 말도 안 되는 바람인 걸 아는데, 어쩐지 그럴 수 있을 것만 같았다. 영원히 다시는 만나지 못한다는 사실을 받아들일 수 없었다.

*

　김언 시인의 『시는 이별에 대해서 말하지 않는다』를 다 읽었다. 거기에는 첫 시집 이후 청춘의 찬란을 잃어버리고 지지부진한 시를 쓰면서 만년의 세월을 견디는, 그런 시인의 삶에 대한 이야기가 적혀 있었다. 이미 쓴 지 십 년은 지난 글들이 많았는데, 글들이 쓰일 때가 딱 지금 내 연차와 비슷해서 하고 있는 고민도 닮아 있었다. 나는 종종 내가 『가능세계』로부터 멀어지는 일이, 새로워지는 것인지 아니면 점점 뭔가를 잃어가는 건지 잘 모르겠다는 생각이 들 때가 있다. 최근 낭독회에서는 한 독자가 그런 질문을 했다. '자신은 『가능세계』가 가장 좋은데 작가님도 그렇게 생각한다고 인터뷰에서 읽었다고, 『가능세계』로 돌아가고 싶지 않느냐고' 정확한 워딩은 아닐지도 모르지만 비슷한 얘기였는데, 사실 나는 더이상 그렇게 쓸 수 없다. 그렇게 쓰려면 인생을 탕진하며 불행에 몰두해야 하는데…… 그러려면 미쳐 있어야 한다. 반쯤 돌아 있어야 한다. 아이를 키우고 생활을 꾸리며 그럴 수는 없을 것이다.

*

친구와 그런 얘기를 했다. 건강한 삶을 살면서 만년까지 위대한 시를 쓴 사람이 누가 있을까? '위대한 시'라는 말이 조금 이상하지만. 설명을 덧붙이자면 위에 언급한 청춘의 찬란을 끝까지 지켜낸다는 것으로 해석할 수 있을 것 같다. 몇몇 이름이 머릿속을 스쳐갔는데, 많지는 않았다. 옛날에 나는 삶보다 시를 우위에 두었다. 내가 살아 있는 이유도 오로지 시를 쓰기 위해서라고 생각했다. 그러나 지금은 다르다. 삶이 더 앞에 와 있다. 이제 내 목표는 위대한 시를 쓰는 것이 아니다. 그냥 계속 쓰는 것이다. 죽이 되건 밥이 되건 어쨌든 끝까지 죽을 때까지 시를 쓰는 것. 그리고 그 속에서 순간순간 작게 빛나는 순간들, 사금 같은 조각들을 만나며 살고 싶다.

*

아침에 일어나면 무조건 커피를 타 컴퓨터 앞에 앉는다. 그리고 쓴다. 무작정 쓴다. 잘되어도 잘되지 않아도 그냥 쓴다. 그게 내 버릇이다. 이유 없이 해가 뜨는 것처럼. 밤이 찾아오는 것처럼 쓴다. 그러다보면 가끔 나조차 생각하지 못한 어떤 장면을 맞닥뜨릴 때가 있다. 그게 내 행복인 것 같다.

*

청보리밭을 보러 가고 싶다. 넓게 펼쳐진 푸르름이 흔들리는 가운데 서서 하늘을 올려다보고 싶다. 그러면 무언가를 이해할 수 있게 될지도 모른다.

*

사랑하는 사람의 얼굴을 떠올리려고 하면 잘되지 않는 경우가 많다. 눈앞에 어른거리는데 초점을 잡지 못하는 카메라처럼 자세히 보려고 하면 상이 흩어져버린다. 그래서 다시 만나면 더 오래 자세히 보고 기억해야지 다짐하지만 돌아와 떠올려봐도 물위에 그린 얼굴처럼 흔들리며 사라진다. 좋아하는 사람들 싫어하는 사람들 아무 감정이 없는 사람들의 얼굴은 또렷이 기억나는데 어째서 사랑하는 사람의 얼굴은 사랑하면 사랑할수록 흐릿해져만 가는 걸까. 혹시 내가 그 얼굴 위에 자꾸만 다른 것을 덧씌워서 그런 걸까. 사랑은 무언가를 선명하게 하기보다 흐리게 만드는가보다.

오로지 하나만 보이게 해놓고 그 하나마저 볼 수 없게 되는 게 사랑인가보다.

*

　차를 타고 가는데 아이가 물었다. 우리가 사는 세상이 다 게임이면 어떨 거 같아? 난 게임인 거 같아. 난 대답했다. 그렇다면 로그아웃할래. 우리가 방금 생성된 캐릭터라면 어떨 거 같아? 난 대답했다. 그럴 수는 없어. 아니야 그럴 수도 있지. 아냐 그럴 수는 없어. 나는 속으로 생각했다. 만일 내가 방금 생성된 캐릭터라면 왜 그렇게 괴로운 기억들을 갖고 있어야 하지? 내가 겪은 그 절망과 고통이 다 가짜라는 건 절대 인정할 수 없었다. 그럼 내가 뚫고 온 이 고통들은 다 뭔데? 무슨 의미가 있는 건데? 나는 존재하는지도 모르는 신 혹은 개발자에게 화가 났다. 그래서 아이에게 그만 얘기할래, 하고 말했다. 아이는 영문도 모르고 기분이 상한 나를 맞닥뜨려 당황했을 것이다. 그렇지만 엄마가 얼마나 지난한 삶을 살아왔는지 어떤 불속을 걸어왔는지 네게 다 알려주고 싶지 않아서. 세상에 그런 괴로움도 있다는 걸 아직은 몰랐으면 싶어서. 너는 어리둥절한 채 갑자기 조용해지고 우린 그렇게 집까지 기분이 상한 채로 돌아왔다. 접시 위 흔들리는 젤리 두 개. 단단한 침묵에 갇혀.

*

나는 몇 번이나 섬 이야기를 썼다. 섬은 내가 만들어낸 가상의 인물이다. 섬은 어쩌면 나의 가장 어두운 부분만 오려내 만든 인간. 가장 연한 부분만 주물러 빚어낸 인간이다. 섬은 잘 울고 섬은 쉽게 아파하고 섬은 언제나 언제나 슬픔에 잠겨 있다. 때로 그런 섬이 너무 안쓰러워, 섬을 구해주고 싶어. 그런 마음이 섬을 생겨나게 했나. 구해주려고 아프게 했나. 섬은 내 유년의 총집합. 섬은 아름답고 섬은 어둡고 섬은 그럴 수 없을 만큼 환히 빛난다. 섬, 섬. 하고 부르면 가슴께가 아려와. 언제까지 너를 거기 둘 수 있을까. 추위에 떨며 숲을 헤매는 섬. 해변에 홀로 앉아 무릎을 끌어안은 섬. 새하얀 침대 위에 너를 눕히고 이불을 덮어주고 사랑의 말을 속삭여주고 싶다. 나의 섬.

*

춤추는 여자들 웃는 여자들 나를 알아? 묻는 여자. 빙글

빙글 돌고 있는 여자들. 길거리에 늘어선 여자들. 여자들. 오늘이 내일이 될 거야. 말하는 여자. 울고 있는 여자. 팔차선 대로를 달리는 여자. 피 흘리는 여자. 너무 많은 여자. 통속은 싫다. 배치만으로 새로워질 수 있다고 생각하지 않는다. 이미지들이 커다란 솥에서 끓고 있다. 휘젓는 손. 휘젓는 손은 남자의 것이다. 구역질이 난다.

*

 시에 대해 생각하기를 멈춰야 한다. 아니 더 오래 시에 대해 생각해야만 한다. 그럴수록 단단해지는 질문 하나. 그런데 시가 뭐지? 시가 뭘까? 나는 과연 시를 안다고 말할 수 있을까? 이런 내가 시를 가르칠 자격이 있는 걸까? 시는 도깨비 나라 같다. 이상하고 아름다운 도깨비 나라. 방망이로 두들기면 무엇이 될까? 그렇다. 이미지는 이런 거예요. 상징은 이런 거예요. 이런 얘기를 하고 싶지 않다. 시에 대해 말하고 싶지 않다. 지금까지 시에 대해 말한 모든 것을 취소하고 싶다. 유장해지고 싶은 마음과 그렇게는 절대 되고 싶지 않은 마음 사이에서 갈팡질팡하며. 시에 대해 계속 생각하다보면 머릿속에 모든 의미가 탈각되고 거대한 한 글자

'시'만 남아 텅 빈 기표인 채로. 시, 시, 시. 끝없이 늘어선 컨베이어벨트 위의 시시시시. 시에 대해 생각하기를 멈춰야 한다.

8월 11일

시

지옥 체험관

*

끝없이 돌고 있는 허공의 검은 점은 어디서 온 걸까
나는 출처를 알 수 없는 슬픔을 가져서
자꾸만 길어지고
길어질 수 없을 만큼 길어지고

눈이 눈처럼 내리고 빛이 빛처럼 쏟아질 때 울타리를 뛰어넘는 양들 움직이는 눈덩이들

시작한 것을 멈추지 못해서 자꾸만 출발하고 출발하는 나의 두 발

목격한 것은 물위를 떠가는 눈 코 입

돌아가는 기계 착실히 쌓여가는 네모난 어둠

모든 것을 잊게 해달라고 소원을 빌었어 불 앞에 서서 돌을 올리며 한 사발의 물그릇을 놓고 손을 모으며

머리를 숲속에 다리를 바다에 둔 채
잠이 들고

꿈
너는 이곳에 있을 수 없다

나는 계단을 뛰어오르고
골목을 달려
달리고 달려도

깔깔대며 쏟아지는 그림자

어린 양들 눈덩이들 구르고 구르며 점점 커지는 빛의 합창

땀에 젖어 깼을 때

조용히 돌아가는 냉장고 소리
떠오르는 얼굴

*

나에게는 단 한 사람이 있었다. 나무보다 단단하고 불보다 뜨거운 사람. 빛을 빛으로 자르는 사람. 그는 타일공이었다. 오와 열을 맞춘 네모난 것들이 정갈하게 온 벽을 뒤덮을 때만 그는 웃었다. 시멘트를 개어 얇게 펴바를 때 그는 미동도 않고 말하곤 했다. 지금이 제일 중요해.

나는 그를 따라 이집 저집을 돌아다니며 타일을 날랐다. 납작한 정사각의 어둠들이 쌓여 내 키만큼 커질 때 마침내 이해한 것이 있다.

*

눈 속을 떠다니는 벌레들
노려보면 노려볼수록 선명해지는 벌레들

입가에 묻은 양털을 떼어내 뭉치며
나는 꿈을 생각했다

자꾸만 도망치는 꿈을
기계의 반복운동처럼

매일을 멀리서 바라보면
모든 게 같아서 무섭다

말 시키지 마, 그 말을 듣지 않으려고 나는 늘 입을 꾹 다물었다. 서걱거리는 소리 톱날이 돌아가는 현장에서 나는 계단을 오르고 계단을 오르며 뚝뚝 땀을 흘렸다.

그는 살아 있는 모든 것이 징그럽다고 했다. 흔들리는 나무 아래서 출렁이는 바다 앞에서 내가 두 손을 모을 때마다 그는 혀를 찼다.

   꿈에서 깨면
   의자에 앉아 나를 내려다보는
   섬처럼 외로운 한 사람

   한 손에는 호치키스를 들고
   입술을 오려줄까?

   쏟아지는 눈처럼
   쏟아지는 눈처럼

8월 12일

시

비신비

섬망의 짝인 구름이 흘리고 가는
기억을 모아

창이 없는 집을 짓고

빈 벽에
물을 안다고 적는다

단지 모든 것을 보려 했던 게 죄라면
이것은 벌인가

차가운 네 발이 내 다리 사이를 파고들면

나는 웃곤 했다

차가워 너무 차가워서
나는 나무가 되어 잎사귀를 우수수 쏟아냈는데
장면 속에서 파란 물을 열고
걸어나오는 슬픔의 얼굴이
너무 아름다워서

이런 게 행복인가?
자꾸만 되물어보았다

꾸벅꾸벅 졸며 차창에 머리를 기댄 과거가
밤중에 예고도 없이 찾아오면
그래

나는 조미김과 아몬드를 꺼내 술상을 차렸고
이미 다 살았는데
처음부터 다시 사느라고

힘이 들어

작은 집이 더 작아질 때
물위에 물을 끼얹고
죽은 사람에게 자꾸 전화를 했다

보고 싶어
보고 싶어서
그런 마음은 어떻게 해야 사라지는 걸까

몇 달 후 없는 번호라는 말 대신
통화 연결음이 들렸고
전화기를 떨어뜨렸다

여보세요
여보세요

영원과 순간은 한날한시에 태어난 쌍둥이라는 걸
이해하지 못해서

빚이 하는 게임에 모든 걸 걸고
파산하기를 반복했다

공중에 새를 풀어놓으면
시작되는 영화가 있어
세상 모든 영화의 마지막 장면만 모아놓은

나는 깨끗하다
말하곤
엉망이 된 손으로 흙을 파헤쳤다

나는 구덩이에 빠져 허우적거리는 어린 나를 보고 있었다
어떻게든 꺼내려고 안간힘 쓰며

앞발 뒷발 흔들리는 나무들
<u>흐르고 흐르는</u> 새들의 침묵

청순이 한 세기를 다 삼키고
비명이 생을 완창하면

빠져나오는 슬픔의 기차가 있어서

앞면과 뒷면이 구별되지 않는

단정한 시절

별표 세 개

조금씩 빠져들며

조금씩

다신 볼 수 없다는 것을

도무지 이해할 수 없었다

8월 13일

산
문

Missed Connection

시의 창은 잘 열리지도 잘 닫히지도 않는 것 같다.

시에는 절대 변하지 않는 것이 있다. 언어와 언어 사이에서 생겨나는 본질적인 무엇. 시간이 흘러도 훼손되지 않는 무엇. 언어의 외피 속에서 끝없이 두근대는 무엇. 그것을 시의 일곱번째 땅이라고 부를 수 있다면, 불러도 된다면.

그 땅에 도달하는 것이 모든 시의 이상에 다름 아닐 것이다. 그렇다면 시는 왜 변할까? 본질적으로는 같은 지향을 갖고 있는데 시대에 따라 사람에 따라 달라지는 이유가 뭘까?

밤새도록 창을 만지는 손. 차가운 손.

우리는 지금도 보들레르, 랭보, 엘리엇, 폴 발레리를 읽는다. 읽고 감동한다. 이상도 읽고 김수영도 읽고 김춘수도 정지용도 읽는다. (전부 남자군.) 계속해서 그 텍스트들을 읽고 어떤 울림을 감지할 수 있다면, 모두 일곱번째 땅에 당도한 거라고 할 수 있지 않을까.

시라는 장르가 하나의 이상을 지닌 채로 변모하는 이유는, 내 생각에는 다른 사람들이 많이 지나다닌 길은 더이상 가고 싶지 않아서다. 창작을 하는 사람들은 누구나 개성을 중시하지 않을까. 누군가가 썼던 방식대로 답습하는 것은 창작이라기보다는 창작 연습에 가깝지 않을까. 그러니 가지 않은 길을 계속 찾는 것이다.

가지 않은 길을 가본 적 없는 방법으로 가려고 애쓰는 것이 모든 창작자가 창작에 임하며 겪는 과정이 아닐까.

많은 곳을 겨냥할 수 있도록.

창은 바깥도 안도 아님으로.

시의 언어는 늘 혼자만의 언어다. 모두 개별적이다. 혹은 그래야만 한다. 그러나 아무리 애를 써도 결코 완전히 개별적일 수는 없다. 쓰는 나를 늘 뒤쫓아오는 유령 같은 공포. 그러나 완벽하게 개별적인 언어는 누구도 이해할 수 없을 것. 세상에 온전한 개성이란 존재하지 않는다. 그것이 있다면 광인의 것, 이해할 수 없는 이상함으로 여겨질 것이다. 결국 늘 쫓기면서 잡힐 듯 잡히지 않는 신비의 거리를 유지해야만 한다.

시가 계속 변하는 것은 늘 새로워야 하기 때문이다. 계속해서 몸을 바꾸고 갱신해야 한다. 만 명의 창작자에게는 만 가지 방법이 있다.

장시는 나의 시에서 가장 뚜렷한 특징이다. 장시라는 게 그렇게 새로운 것은 아니다. 아주 오래전부터 있어왔다. 나도 전략적으로 장시 형식을 선택하진 않았다. 처한 환경에서 나름대로 저항하며 재미를 찾고 나의 이상을 끊임없이 견지하다보니 그렇게 되었을 뿐이다.

 누군가에게 시를 보여주고 싶은 열망에 사로잡혀 시 모임을 다닌 적이 있다. 그때 합평하며 들었던 피드백은 '짧게, 서정적'으로 쓰라는 것이다. 나는 그러고 싶지 않았다. 그런 시는 나한테는 별로 좋게 혹은 재미있게 느껴지지 않았다. 그래서 계속 쓰고 싶은 대로 써갔다. 그럴수록 점점 더 많이 '짧고 서정적'으로 다시 써오라는 이야기를 들었다. 아무튼 그렇게 되어버린 것이다. 그렇다면 더 길게 써볼까 하고 쓰다보니 상당히 재미있었다. 적성을 찾은 느낌이었다. 계속 재미있는 것을 열심히 했다.

 어쩌면 내가 앞에 쓴 이야기는 다 틀렸을 수도 있다. 시가 바뀌는 건 사람들이 재미를 느끼는 지점이 점점 달라지기 때문이라는 생각이 방금 들었다. 그래도 진짜 정말 정말 좋은 시는 어쨌든 시간이 아무리 흘러도 좋은 건 사실이다. 그러면 진짜 정말 정말 좋은 것은 대체 무엇일까?

 그건 아주 자연스럽고 필연적인 것 그리고 무엇이 중요

한지 아는 것이다. 그리고 시 안에는 늘 잉여의 부분이 있어야 한다. 여기서 말하는 '자연스러움'이란 눈이 내리면 눈사람을 만들고 배가 고프면 밥을 먹는 그런 방식의 자연스러움이 아니다. '스스로 그러하다'는 자연의 뜻처럼 말이 그 자리에 있는 것이 옳다는 믿음을 밀고 나아가는 것에 다름 아니다.(뻔뻔함이라고도 할 수 있겠다.) 이와 같은 믿음은 필연성과 연결된다.

보들레르를 읽으면 가끔 이상하고 낯설고 불편해진다. 그게 자연스럽다. 가령 내가 좋아하는 보들레르의 시 「과자」는 아이들이 빵을 한 덩이 놓고 싸우다가 결국 빵이 다 부서져서 사라지는 공포스러운 이야기다.

이 얘기를 내가 왜 읽어야 되지? 저 아이들이 왜 저러지? 그런 생각이 들지 않는다. 엄청 낯설고 얼토당토않은 거 같은데도 납득이 된다. 자연스러움은 바로 그런 것이고 그 자연스러움은 시인이 시를 얼마나 믿고 장악하고 있는지에 따라 달라진다.

늘 잉여의 부분이 있어야 된다는 것은 어쩌면 선뜻 와닿지 않을 수도 있을 것 같다. 시는 완벽하게 투명하게 보여주는 장르가 아니기에 알 수 없는 부분 도저히 읽어낼 수 없는 부분이 있어야 시가 비로소 시적일 수 있다. 미지가 시의 기둥이 되어준다. 잉여의 부분을 가장 잘 다룰 수 있는 것이 시에서의 감각일 것이다. 감각으로 환기되지만 도저히 말로 짚어낼 수 없는 것. 그건 그냥 전혀 모르겠는 추상과는 완벽하게 다르다.

시는 결코 말해질 수 없는 것을 말로 하는 장르니까.
창은 열리지도 닫히지도 않고 그런 도저함 속에서 서성일 때 생겨나는 빛.

조금 이야기가 딴 길로 새버린 것 같지만 뭉뚱그려서 '일곱번째 영역'이라고 퉁치고 지나가기에는 시의 이상이라는 것을 정리해놓지 않으면 이 글이 성립되지 않는다고 느껴진다. 어쨌든, 이 짧은 산문에 시가 어떻게 변하는지에 대한 생각을 다 담을 수 없다. 단지 비유로만 말할 수 있을 뿐이다.

'요즘 시'라는 말은 항상 있다. 동굴에 '요즘 애들은 이해할 수가 없다니까'라고 쓰여 있었다는 우스갯소리처럼. 그건 건강하고 자연스럽다.

나는 '요즘 시'를 한때 썼던 사람이 되어간다는 생각을 한다. 더이상 내 시가 현재적이지 않으면 어떻게 하나 하는 두려움. 올해로 등단 십사 년차가 되었으니 결코 적지 않은 시간 동안 시를 발표해왔고 네 권의 시집을 묶었다. 더이상 '젊은 시인'의 대열에 있기 어렵지 않나 하는 생각을 한다.

그렇지만 '젊음'이 단지 시간 단위로 매겨지진 않기에. 이상을 놓지 않고 새롭게 연마해 나아간다면 몸을 바꿀 수 있을지도 모른다는 희망을 가져본다.

요즘 시들에 대해 생각하는 것은 그거다. 모두가 생각하고 있을 거다. 지나치게 무해함에 기울어져서 시들이 너무다 착하고 안전하려고만 한다(꼰대 같은 소리). 모든 시가 착할 필요는 없다. 그렇지만 무지라는 폭력을 보지 않을 수 있어서 좋다. 우리는 지나치게 안전하게만 가려고 하지 않는 시의 영역을 개척해야 하지 않을까. 내가 하면 참 좋겠다. 그런데 근래 들어서는 무언가 도래하기를 기다릴 때가 있다.

자신은 안전하고 싶으면서 누군가 판을 바꾸기를 기다리는 것은 비겁하다. 나는 비겁하다. 그러나 비겁하다는 인식 없이 용감해진 적은 한 번도 없었으므로.

열리지 않는 창은 부숴버릴 거야.
오도 가도 못하게 만들어버릴 거야.

8월 14일

산
문

균형 잡기

 나는 이미 전에도 산문집에 거식증에 관해 상세하게 쓴 일이 있다. 최대한 다른 이야기를 해보고 싶지만 동일한 과거를 두고 써내려가는 것이니 유사함은 피해갈 수 없을 것 같다. 그럼에도 이 이야기를 다시 하는 의미가 있다면, 십몇 년 전보다는 나아졌지만 아직도 섭식장애에 대한 인식이 턱없이 부족하다는 것 아닐까?

 스무 살부터 스물여섯 살까지 거식증을 앓았다. 혼자 살게 되면서 우울증이 깊어졌다. 누군가 챙겨주지도 않았고 먹고 싶은 것도 없었다. 무언가를 먹을 가치가 없는 인간이라는 생각과 무기력이 나를 수렁으로 밀어넣었다. 글을 읽고 쓰는 것에 몰두하는 시간들도 먹는 일과 멀어지게 만들었던 것 같다. 독서와 식사는 얼마나 안 어울리는 조합인가? 책을 읽고 있으면 먹고 싶다는 욕구가 사라졌다. 그 시기에 어마어마하게 가파른 속도로 살이 빠졌고 그게 싫지 않았다. 사람들은 속이 얼마나 썩어가는지도 모르면서 나를 볼 때마다 예쁘다고 했다. '은선아 너 예뻐졌다' '어떻게 살 뺐어?' 그런 말을 많이 들었다. 그 말들이 좋았다. 의도적으로 다이어트를 한 것은 아니었는데, 지속적인 칭찬을 받다보니 어느 순간에는 '만약 내가 다시 살이 찌면 사람들이 나를 싫어할 텐데 어떻게 하지?' 겁이 났다.

그때는 돈이 없었다. 한 달 월세를 내고 공과금을 내고 나면 남는 돈은 삼만 원 남짓이었다. 팔백 원 하던 소면 한 묶음을 사와, 아주 배고플 때만 조금씩 삶아서 간장에 비벼 먹었다. 그게 주식이었다. 먹는 것에 들이는 돈과 시간을 무가치한 것이라고 여겼다. '나는 먹을 자격이 없어.' 당시 가장 많이 했던 생각이다. 나의 가치는 얼마나 좋은 글을 썼는지를 기준으로 매겨졌던 것 같다. 만족스러운 것을 쓰지 못했으니 난 쓰레기야. 스스로를 아끼지 않았다. 지금 돌이켜보면 인생에서 가장 밝게 빛나고 아름다웠던 시절임에 틀림이 없는데, 그걸 몰랐다.

 마르면 마를수록 사람들이 내게 주는 관심과 사랑이 커지는 게 이상하고 웃기면서도 기뻤다. 처음에는 우울과 경제적 이유로 시작한 절식이 점점 다른 방향을 향하게 되었다. 비어 있는 나의 가치를 안에서부터 채우는 것이 아니라 바깥의 인정에서 구하려고 했었나보다. 스스로를 사랑하지 않으면서도 타인에게 사랑받고 싶어하는 불균형이 나의 섭식장애를 더 가속화시켰다. 그때쯤 전남편을 만났는데, 그는 백팔십이 넘는 키에 오십오 킬로그램 남짓 되는 왜소한 사람이었다(그는 체질이 마른 사람이었다). 나는 그에게 어울리는 사람이 되고 싶고 사랑받고 싶었는데 방법을 몰랐다. 그래서 닮고 싶었다. 점점 더 굶게 되고 마른 몸에 집착하게 되었다. 하루 칠백 칼로리를 계산해서 먹고 식단 일기를 썼다. 음식을 보기만 해도 저절로 칼로리가 계산됐다. 거식증이 점점 심해져 사람들이 음식 먹는 것을 보는 게 불쾌하고 힘들어졌다. 사실 그는 내 마름의 정도에 관심이 없었는데도 집착은 점점 커졌다. 이런 노력을 몰라준다는(그는 그냥 내가 어떤 몸이든 신경쓰지 않았던 것이었는데) 것과 아무리 먹어도 마른 그에게 알 수 없는 화가 났다. 그런데도 내 감정이 옳지 않은 것임을 알기에 표현하지 못하고 억눌렀다. 나의 영혼은 조금씩 비틀리고 있었다.

 돌이켜보면 어쩌면 나는 내게 벌을 주는 것을 즐겼던 것 같다. 평온하고 무탈한 날들을 잘 견디지 못했다. 극단적으로 갈등을 회피하면서도, 질책받는 것을 누구보다 무서워하면서도 그렇지 않으면 뭔가 잘못된 것 같다는 불안. 아무도 나를 혼내지 않을 때는 자해를 하거나 스스로를 벌했다. 그래야만 안심이 되었다. 그래야 마땅하니까. 존재 자체가 잘못되었으니까. 그때는 그랬다. 불행에 중독되어서 조금이라도 기쁨이 찾아오면 그 행복 때문에 더 큰 불안에 짓눌렸다.

 자가진단을 해본다면 그건 아마 지속적으로 폭력에 노출되어 있었던 유년 시절 때문이 아닐까. 누군가 '넌 잘못됐어'라고 말하지 않는 것은 내게 이상한 일이었다. 불안이 극에 달하면 떠오르던 감정. 누군가 나를 때려줬으면 좋겠다. 죽을 때까지 두들겨 맞다가 울면서 잠들고 싶다. 그게 내게 어울린다고. 그러면 마음이 놓일 것 같다는 기이한 환상에 시달렸다.

지금까지 열거된 거식증의 이유만 해도 서너 가지쯤은 되는 것 같은데 그 이유들이 모두 정합적으로 맞물려 거식으로 도출되지 않는 듯 여겨지더라도, 원래 정신 안에서 일어나는 일의 원인은 단일하지 않으며 논리적이고 인과적이지 않다고 이해해주었으면 좋겠다. 나는 이제 거의 타인이나 다름없는 십오 년 전 나의 상태를 반추해보려고 애쓰는 것뿐이고 그것은 사후적이라 이런저런 틀을 대어보며 최대한 맞아떨어지는 각을 찾는 과정에 불과하기에.

거식과 폭식은 카드 한 장의 양면이나 다름없다. 한 가지 질환만을 앓을 수는 없다는 얘기다. 어느 한쪽이 우세할 수는 있어도 한 가지 병만 가질 수는 없다. 한 모델의 이야기를 SNS에서 본 일이 있다. 어떻게 다이어트를 하냐는 한 네티즌의 질문에 그는 '패션쇼 시즌 전부터 물을 포함하여 한 달 동안 아무것도 먹지 않는다'고 답하며 자신의 방법은 건강하지 않으니 따라 하지 말라고 경고했다. 그러나 그것이 옳지 않은 것임을 알면서도 그녀는 자신의 몸을 혹사시키고 있음을 시인하지 않는가? 당장 눈에 보이는 결과에 다수가 환호하지 않는가? 그 글은 많은 사람에게 영향을 끼쳤으리라 본다. 그러나 내가 더 크게 충격을 받았던 것은 시즌이 전부 끝난 그가 거의 울면서 연어초밥을 먹던 영상이었다. 그건 음식을 맛있게 먹는 사람의 행동이 아니었다. 내가 보기에 그것은 폭식의 양상이었다. 나 같은 경우는 술을 마시는 것으로 증상이 옮겨갔다. 술을 마시면 배고픔도 느껴지지 않았고 기분이 좋아졌다. 그렇게 만취하면 라면을 잔뜩 끓여 먹곤 했다. 그리고 술에서 깨면 사나흘간 아무것도 먹지 않았다가 다시 술에 손을 대고 이것저것 먹는 악순환이 반복되었다. 술을 마시는 양은 점점 늘어났고 기억을 잃어버리기 일쑤였다. 나는 점점 말라서 삼십 킬로그램 후반이 되었지만 예쁘지도 행복하지도 않았다. 나는 늘 죽음을 생각했고 사람들을 만나기도 어려워졌다.

지금도 많은 사람들은 '바디 프로필'을 촬영하기 위해 과도하게 굶고 운동을 한다. 그런데 소위 바프를 찍고 그 몸을 꾸준히 유지하는 사람은 찾아보기 힘들다. 대부분 요요를 겪거나 바프 이전보다 더 많이 체중이 증가하는 것을 심심치 않게 볼 수 있다. 그렇다면 우리가 사진으로 남기고 싶은 몸, 런웨이에 서는 '이상적인 몸'의 기준에 이상異常이 있다고 판단할 수밖에 없지 않을까? 트위터에서도 '개말라' 혹은 '프로아나'를 지지하는 사람들을 자주 접할 수 있는데, 나는 그들의 이야기가 남 일 같지 않다. 요즘은 '소식좌'가 화제고 그들이 먹는 양은 인체가 필요로 하는 에너지로 환산해보았을 때 턱없이 부족하지만 그것은 하나의 스타일로만 받아들여지고 있는 것 같다. 나는 그런 흐름을 지켜보며 불편함을 느낀다. 완벽한 몸을 만들려는 사람들의 인식을 하찮은 욕망으로 치부하거나 비웃고 바꾸려 하기 이전에 그러한 '이상적 몸-이미지'가 어디서부터 시작되고 생산되고 있는지를 찾아 개선하려는 노력이 선행하고 더 여러 형태의 몸이 미디어로 제시되어야 한다(물론 그런 흐름이 시작되고 있음을 알지만 나는 그것이 둑을 무너뜨리는 거대한 물살이 되기를 바란다).

나는 지금 오십 킬로그램이다. 솔직히 말하면 아직도 자주 몸무게를 잰다. 옳지 않은 행위임을 알면서도 정확한 몸무게를 알지 못하면 불안한 것은 아직도 고치지 못한 버릇 중 하나다. 티브이나 유튜브를 켜면 먹방을 하는 사람, 식단 조절을 하는 사람이 너무 많다. 모두가 '먹는 행위'를 기형적으로 수행하고 있는 것으로 보인다. 어째서일까. 인류의 식이생활이 균형점을 잃은 것처럼 느껴진다고 하면 너무나 큰 과장일까?

친구에게 '나는 왜 바디 포지티브가 안 될까?' 물으니 친구가 말했다. '애초에 바디 포지티브'라는 말 자체가 이상하고 싫다고. 그렇다. 모두가 몸을 자연스럽게 받아들인다면 바디 포지티브라는 말은 세상에 불필요하다. 몸이 없으면 세상에 존재할 수 없다. 먹지 않고 살아갈 수 있는 사람은 없다. 그렇다면 우리는 어떻게 잘 먹고 잘 존재할 수 있을까? 그 '균형'을 의식하지 않고도 균형 잡힌 삶을 살고 싶다. 이 평균대 위에서 내려와 평지를 걷고 싶다.

8월 15일

산
문

달콤한 인생

어떤 순간에는 내 영혼이 빠져나가 네 몸에 들어갔다 나온다
두 손을 맞잡고 함께 있다고 하면 정말 함께 있게 된다
중력과 무관하게
떠오르는 밤이 있다

뚝, 뚝 비 듣는 소리를 들으며 우리는 침대에 누워 있었다. 자정이 다 된 시각이었다. 끝나지 않는 꿈 이야기를 늘어놓느라고 밤을 다 써버릴 것처럼. 아이는 꿈속에서 만난 게임 속 세계의 악당 이야기, 가장 힘이 센 귀신 이야기, 캠핑에 가서 수영을 하는 이야기(이건 분명 캠핑을 가고 싶다는 암시였다) 등을 내게 열심히 설명하며 너무 재밌지 너무 재밌지, 계속 말을 쏟고 나는 언제쯤 이 이야기들이 다 끝날까 생각하며 비스듬히 누워 작은 입을 바라보고 있었다. 밤

이 너무 늦어서 빨리 재우고 싶은데, 이렇게 둘이 도란도란 함께 있는 밤이 좋아서. 나는 어쩔 줄 모르고 친구가 됐다가 엄마가 됐다가 하고 있었다. 빗소리가 점점 크게 들리고 바람이 창문을 뒤흔드는 밤이었다.

나의 일곱 살 어린이는 어린이답지 않은 구석이 꽤 많다. 그런데 어린이답다는 건 뭘까? 어린이는 우리가 생각하는 것처럼 밝고 명랑하고 빛나기만 하는 존재가 아니다. 어린이에게는 어린이의 어둠이 있고 어린이는 그저 작은 인간이다. 하루는 '나중에 크면 엄마 책 읽어볼 거야?' 물으니, '나는 겪을 수 있는 고통은 다 겪어봤어. 그래서 책 같은 건 안 읽어도 돼'라고 아이가 대답했다. 한편으로 안심이 되면서도(책을 안 읽겠다니 작가가 될 일은 없겠다!) 아프고 섭섭한 대답이었다. 몇천 번의 밤을 건넌 뒤에도 너는 그렇게 이야기할까? 겪을 수 있는 고통은 다 겪었다고. 아이가 어릴 때 이혼을 한 나는 아이가 그때 너무 힘들었을까봐서 괜히 미안해지고 그 고통이 무엇인지 모르지만 묻기가 두려워졌다.

코로나19 이후 우리는 닌텐도를 갖게 되었다. 집에만 머물며 답답해하는 모습을 보기 괴롭고 그렇다고 밖으로 데리고 다니기엔 위험하기도 하고 힘들었기에 잘된 일이었다. 특히 나처럼 혼자 아이를 키우는 사람들에게는 이 시기가 더 큰 무게로 다가올 것이다. 우리는 우리가 사랑했던 일들을 조금씩 포기해나갔다. 더이상 서대문자연사박물관에 가지 않았고, 브런치를 먹으러 카페에 가지도 않았다. 이따금 산책을 하곤 했지만 이 시기에 내가 책을 두 권 내는 바람에 여러 일이 맞물리면서 나는 만신이 다 지쳐 도저히 아무것도 하고 싶지가 않고 그저 누워 있고 싶은 마음만 가득할 때가 많았다. 글 쓰는 루틴도 깨지고 일상이라는 거대한 파도에 계속해서 온몸으로 따귀를 맞으며 발끝에 힘주고 버티며 서 있는 것만이 내가 겨우 해낼 수 있었던 일이었다. 그러는 동안 아이는 자주 심심해했지만 묵묵히 버텨주었다. 미안하구나, 엄마가 너에게.

아이는 컴퓨터 앞에 앉아 있는 나를 보면 소리친다. '또 일해?!' 또 글씨 쓰고 있는 거냐고, '아휴 책 좀 그만 보고 유튜브 같은 것도 좀 보고 인생도 배우고 그래야지' 한다. 이럴 땐 아이가 꼭 선생 같다. 한번은 술을 줄이라며 술 대신 물을 마시라고 했다. '술이랑 물이랑 색깔도 똑같은데 왜 술을 마셔? 물을 마시지! 내가 이런 것까지 가르쳐줘야 해? 어휴' 하고 말해서 나는 빵 터져 웃었지만 마냥 웃기지는 않고 자괴감이 밀려왔다. 이렇게 아이는 나를 키우고 있나보다. 이렇게 나는 점점 엄마가 되어가나보다. 나는 그게 싫으면서도 약간은 기뻤다. 빗소리가 가득한 방에 함께 누워 요청을 듣는다. '이제 엄마가 말해봐.' 그럴 때마다 나는 꿀 먹은 사람이 되어 말을 잃고. 우리 사이에는 비가 떨어지는 소리만 무성하다. 대체 무슨 얘기를 한담? 아이가 늘어놓는 이야기들만큼 재미있고 모험으로 가득찬 이야기는 없는데. 재미없어할 것 같은데. 게다가 엄마는 수면제를 먹은 다음부터는 꿈을 잘 기억 못해. 그래서 어렸을 때 꿨던 꿈 이야기를 해주었다.

나는 어렸을 때 몇 가지 꿈을 반복적으로 꾸곤 했는데 그중 하나가 기차 꿈이고 다른 하나가 줄넘기 꿈이다. 어릴 때는 그 두 꿈은 몰랐지만 서로 통하는 지점이 있다. 세상에서 가장 큰 기차이자 가장 작은 기차가 나를 치고 나를 관통해

지나가는 꿈. 내가 거인이 되어 줄넘기를 하고 있는 동시에 난쟁이로서 줄넘기를 하는 꿈. 끝없이 밀려오는 줄. 계속해서 점프하며 조바심을 치는 내 두 발. 가장 큰 동시에 가장 작다는 그 감각을 언어로 표현하기가 힘들다. 그것들은 분명 '동시同時'에 일어나는 것이라서.

그것들이 어찌나 인상적인지 지금도 생생하게 그 기묘한 감각을 느낄 수 있다. 가장 거대하고 가장 사소한, 계속해서 치이고 관통하고 계속해서 넘어야만 하는 순간이 다가오는 극도의 긴장감. 어쩌면 나를 지금에 이르게 한 것은 그 두 가지 꿈의 요소가 아닐까. 그렇게까지 말할 수도 있을 것만 같다.

가만히 듣던 귀가 묻지
'어떻게 크고 작은 게 같이 있어?'
'응. 있어. 정말 그래.'
'에이, 이상해.'
'응. 이상해.'
그러다 깔깔 웃고
빗속에서 너는 갑자기 조용해진다

나는 오 분 정도 잠든 얼굴을 들여다보며 깊은 잠에 빠져 숨소리가 거칠어지는 순간을 기다린다. 나는 늘 기다린다. 기다림이 직업인 사람처럼. 네가 잠들기를 기다리고 네가 밥을 다 먹기를 기다리고 네가 이를 닦기를 신발을 신기를 가만히 기다리는 사람. 기다려주는 사람이 엄마가 아닐까. 마침내 네가 완전히 꿈나라로 가게 되면 조심스럽게 침대를 빠져나와 나의 작은 방으로 건너온다. 그때부터 밤은 시작된다. 길고 지난하고 외롭고 어두운 밤이, 환희와 절망이 한자리에서 춤추는 이상한 밤이. 나는 엄마의 얼굴을 벗어 내려놓고 컴퓨터 앞에 앉는다. 내가 시작하지 않으면 아무것도 생겨나지 않을 백지를 노려보며 세계를 만들어내려고, 대단한 상상을, 문장을 펼치려고 애를 쓰고 밀어붙인다. 그렇게 한 문장을 쓰고 한 문장을 지우고 한 문장을 쓰고 한 문장을 지우며 시간을 전부 탕진한 다음 다시 한 문장을 적고 술을 마시거나 책을 읽거나(또는 두 가지를 함께 한다) 한 뒤에 약을 먹고 침대로 기어들어간다. 오늘 밤의 헛수고는 도대체 무얼 위한 시간이었나, 자책하며 손을 떨군다. 그게 나의 낮과 밤, 두 얼굴의 이중생활이다. 때로는 엄마로 생활인으로의 역할이 너무나 강력하고 압도적이라 얼굴이 벗겨지지 않는 순간이 올까봐 무섭다. 언제까지 쓸 수 있을까. 나는.

　요리를 하는 동안 티브이를 틀어준다. 그러면 아이는 넷플릭스는 재미없다고 유튜브를 보게 해달라고 조른다. 나는 단호하게 '안 돼' 말하지만 어떤 날은 입씨름에도 지쳐 그냥 유튜브를 틀어주기도 한다. 잘하고 있는 걸까. 이래도 될까. 이런 의문들이 쌓여 미래가 도래할 예감에 두려움으로 몸서리치면서도 나는 고개를 돌린다. 기진맥진氣盡脈盡이란 기도 다하고 맥도 다했다는 뜻이다. 나는 딱 그 한계 앞에서 꺼져버리고 싶다. 밥을 자주 편식하는 아이에게 무엇을 먹고 싶은지 물으면 대부분 '달걀볶음밥' '달걀말이' '지단' 등 달걀 요리를 늘어놓는다. 나는 손쉽게 만들려 수용하는 편이다. 요리시간을 줄이고 싶기도 하고 조금이라도 잘 먹는 모습을 보고 싶기도 하니까. 그러고는 자책한다. 야채를 잘게 다져 넣어줄걸. 양파나 호박, 버섯을 함께 볶아줄걸. 왜 늘 아이의 결과는 엄마 몫일까. 아이와 함께하는 순간 백 퍼센트의 기량을 발휘하며 있어주지 못한다는 것이 죄스럽다. 엄마라는 것에는, 특히 나 같은 싱글맘에게는 이중의 고통이 있다. 생활의 고통과 다 해주지 못하는 죄책감의 고통. 뫼비우스의띠처럼 끝나지 않는 고통의 레일 위에서 나는 혼자다. 내리는 비는 마음을 씻겨주지 않는다. 나무들은 더 파래지겠지. 점점 더 파래지겠지.

 사랑에 빠진 아이는(벌써 사랑에 빠지다니!) 유치원 산책 시간을 고대한다. 산책 짝꿍인 정아(가명)와 손을 잡고 걸을 수 있어서다. 아이는 정아가 자기 사랑을 알고 있는지 고심한다. '저번에 사랑한다고 말했는데 까먹었나봐.' 아이가 말한다. '왜?' 내가 묻는다. '오늘 옆에 가서 앉았더니 왜 자꾸 자기 옆에 앉냐고 묻잖아.' '그럼 한번 더 사랑한다고 말하면 어때?' '그건 싫어 정아가 스스로 깨달았으면 좋겠어.' 나는 웃는다. '사랑 앞에서 자존심 세워봤자 남는 거 하나도 없어.' 그리고 며칠이 지나 아이는 잠들기 전 할말이 있다고 한다. '오늘 산책 시간에 정아한테 사랑한다고 말했어. 아유 속이 다 시원하다.' 대자로 이불에 몸을 내던지며 웃는 아이. 아이는 늘 빨리 어른이 돼서 정아와 결혼하고 싶다고 한다. 자식 이름도 지어놨다. 그런 모습이 당혹스러우면서도 사랑스럽기 그지없다. 대체 어디서 사랑이 발생한 걸까. 빈 화분에 갑자기 싹이 난 걸 보고 놀랐던 일이 떠올랐다. 사랑은 왜 세상에 있는 걸까. 아이가 상처받을까봐 조바심이 나면서도 그저 신기해하며 지켜볼 뿐이다. 티 없이 맑은 사랑은 이 시기에만 가능한 것이 아닐까. '한번 집에 놀러오라고 해.' 은근하게 권하며 나는 정아가 어떤 아이일지 궁금해한다.

> 점점 빨라진다
> 점점 빨라진다
> 삶의 속력을 늦추는 일이
> 이제는 불가능하다고
> 여겨질 때가 많다
> 점점 빨라진다

근래 교통사고를 크게 당했다. 나의 부주의였다. 그러니 '당했다'는 표현보다는 '냈다'고 하는 게 맞을지도 모른다. 그런데 나는 '당한' 느낌이 든다. 나는 어렸을 때부터 산만하다는 소리를 자주 들었다. 지금 같은 생활을 계속 영위해나가니 나의 산만함은 점점 배가되고 운전에 필수적인 집중력을 상실할 때가 종종 있는 것 같다. 충격 직전의 공포까지만 기억한다. 부딪히는 순간 영화에서 나오는 것처럼 눈앞이 흔들리고 내 몸은 종이인형처럼 팔랑거리며 힘을 잃었다.

다시 느끼기 어려운 감각이며 경험일 것이다. (그래야만 하기도 하고) 그런데 그 통제할 수 없는 힘에 휘말려 속수무책으로 당하던 순간의 감각이 나는 가끔 그립다. 태어나서 처음 느껴본 낯선 감각이었기에, 도무지 간접경험으로는 체득할 수 없는 종류의 것이었기에 나는 그것에 압도되고 말았다. 이런 내가 이상하게 느껴지고 비논리적으로 보이리라는 것을 알고 있지만 주체할 수 없을 충동을 느낀다. 그런 나의 비뚤어진 면은 어떻게 작동되는 것일까. 가끔 나는 고가도로를 달릴 때 핸들을 꺾어 아래로 추락하는 일을 상상한다. 정해진 레일로 계속해서 달리는 것은 이제 지긋지긋하다. 종종 돌이킬 수 없는 짓을 저지를까봐 나는 내가 무섭다.

신기한 점 하나는 아이와 함께 차에 타면 집중력이 비상하게 높아진다는 것이다. 엄마라는 것은 자신의 충동을 끝없이 짓누르며 논리적 이성적 정상적인 길에 들어서는 것에 다름 아니다. 그것이 끝없이 나를 갈리게 한다. 아름다운 것을 지키기 위해서 한 명의 인간을 책임지기 위해서 나를 계속 버려야 한다.

아이는 커서 천국체험관을 만드는 것이 꿈이라고 했다. 그곳에는 홀로그램으로 된 천사와 신이 있다고 했다. 예쁘고 빛나는 것들이 가득하다고. 나는 아이가 너무 시인 같다고 그래서 무섭다고 생각했다. 그리고 '천국체험관'이라는 제목으로 시를 써야지 속으로 생각했다. 이 집에 시인은 나 하나로 충분하지 않을까? 사실 주변에서 그런 권유를 받은 일이 여러 번 있다. 어린이집에 다니던 세 살 때 상담을 갔을 때도 이렇게 말을 잘하는 아이는 교사를 하면서 처음 본다고 작가가 되면 좋겠다고 선생님은 말씀하셨다. 나는 그냥 말없이 고개를 저었다. 아빠와 엄마를 반씩 닮은 아이는 레고를 좋아하고 기계에 관심이 많다. 부디 감수성이 풍부한 공학자가 되길 바라는 건 나의 욕심일까? 시인이란 직업으로 밥벌이하기에도 글을 쓰면서 계속 자기를 갱신하기에도 너무나 지난하다. 자기 직업군으로 자식이 오지 않기를 바라는 부모를 종종 보곤 하는데 아마 그 일의 고통을 잘 알아서 그런 게 아닐까. 하긴 어느 직업이라고 고충이 없으랴. 그렇지만 이왕이면 먹고 살 걱정은 없는 일을 하기를 바라는 것이 엄마 마음이기도 할 거다. 내가 이렇게 속되고 이

기적이라는 게 한참 웃겼다. 엄마는 천국체험관은 가볼 수 있어도 천국에는 못 갈 것 같아.

> '사랑은 좋아하고 아껴주는 거야'
> 아이는 말한다
> 그렇게 단순하고 명료한 사랑에 대한 정의가
> 가끔은 가장 깊이 와닿는다

아이에 대한 글을 쓰며 아이에게 허락을 구했다. 그리고 무엇을 쓰면 좋겠느냐고 물었더니 아이는 사랑에 대해 써달라고 했다. 사랑이 뭔데? 내 질문에 아이는 이렇게 대답했다. 또 꼭 이 말을 써달라고 했다. 그대를 사랑하오.(정아에 대해 이야기하며) 왜 '그대'라고 하냐고 물어봤더니 자신에게 소중한 사람이니까 이름은 다른 사람들한테 알려주기 싫다고 했다. 참으로 영특하고 깜찍한 생각이다. 그리고 또 뭐 써줘? 물으니 아이는 재밌는 얘기를 들려준다고 했다. 옛날 옛적에 어느 농부가 살고 있었는데 그 농부는 자기 옆집에 누가 살고 있다는 걸 모르고 있었어요. 벽 때문에요. 그 사람은 어떤 여자였는데 엄청 예쁜 여자였어요. 그 농부는 어느 날 길을 걷고 있는데 그 여자를 만났어요. 그러고 그 농부는 당신은 누구냐고 처음 본다고 말했는데 당신 옆집에 사는 사람이라고 말했어요. 그리고 남자는 눈앞에서 껴안고 사랑한다고 말했습니다. (녹취해둔 게 있어 그대로 옮겨 적는다.) 처음 봤는데? 하고 물으니 너무 예뻐서라고 아이는 답했다. 그 여자는 싫을 수도 있잖아. 아니야 그 여자는 그냥 볼이 빨개지더니 사랑한다고 말하고 껴안았는데? 그 여자는 왜 농부를 사랑했어? 그 농부가 착하게 일하니까 좋아서. 또 엄청 멋져 보였대. 농부는 힘도 세고 일도 엄청 잘하거든. 근데 아까 사랑 얘기 써달라고 했잖아. 사랑이 뭐라고 생각해? 선이는 사랑은 친구들을 좋아하고 아껴주는 거. 그럼 사랑은 왜 생기는 거 같아? 예쁘기도 하고 멋지기도 하고 착하기도 해서. 그럼 예쁘거나 멋지지 않으면 사랑을 못해? 할 수는 있지. 도둑끼리 도둑끼리 악당끼리 악당끼리 할 수 있지. 도둑이 멋있고 예쁠 수도 있잖아? 도둑 중에서 귀여운 애들은 엄청 많진 않아서. 그럼 외모로 사랑이 결정되는 거야? 아니 마음씨도 있지. 마음씨는 왜? 착한 사람들은 착한 마음씨를 갖고 있고 나쁜 사람들은 나쁜 마음씨를 갖고 있잖아. 그럼 나쁜 마음씨를 가진 사람을 사랑하게 되면 어떻게 해? 그건 없애야지 그건 끊어야지. 끊어야 해? 응. 끊어야 해. 그 사람을 착하게 만들 수는 없을까? 음 그런 방법도 있는데 그러다가 어느 날 죽일 수도 있잖아. 배신할 수도 있고, 그렇잖아. 그러면 그 사람이 착한 척하면 진짜 착한 건지 착한 척하는 건지 어떻게 알아내? 선이가 어른이 돼서 이 세상에 착한지 안 착한지 알아내는 기계를 퍼트릴 거야. 사람들이 다 갖게 할 거야. 이거 없으면 당신들 죽는다고.

나중에 언젠가 이 녹취록을 사람들이 들어보면 좋겠다. 혼자 듣기에는 너무 귀엽고 재미있으니까. 아이에겐 벌써 젠더 이분법적 사고가 깃들어 있는 것 같다. 그래서 걱정이 되었다. 내가 집에서 돌본다고 해도 유치원이나 티브이 그리고 장난감 옷 등이 젠더를 가르고 있는 환경을 전부 피할 수 없기 때문에. 또한 사람의 외양과 내면이 일치할 거라는 (예쁜 사람은 착한 것과 같다는) 순진한 믿음이 있었고 나쁜 사람은 응당 못생겼을 거라고 믿는 게 신기했다. 재미있는 부분은 나쁜 사람은 바로 끊어내야 한다는 거였는데, 죽음을 당할 수도 배신을 당할 수도 있다는 말이 나는 예삿말로 들리지 않았다. 실제로 여성들은 그런 죽음을 많이 당하고 있지 않은가. 부디 네가 말한 것처럼 사랑하는 사람을 '좋아하고 아껴주며' 살아가기를, 나쁜 사람을 감별하는 기계를 빨리 만들어 세상에 퍼트려주기를 바란다고, 나는 티브이를 틀어 거실에 너를 앉혀두고 방에 들어와 쓰고 있다. 네 얘기를 쓰느라 너와 멀어져 있는 게 이상하지. 오늘 밤에도 많은 얘기를 하다가 잠들고 싶다.

8월 16일

시

사랑하는 머리

4

달은 갈비뼈를 열어

빛의 계단을 만든다

2

맨 처음 너는 가방 안에서 발견됐다

노트북을 꺼내려고 지퍼를 열었는데

네가 있어서 얼마나 놀랬지?

어둠 속에서 자꾸 부러지는 게 있어

있어

이건 어디서 생겨난 빛이지
알고 싶지 않아서 내내 헤매던 날

썼다 지웠다 한 모든 말이 나를 찾아와
멱살을 쥐고 흔들던 날

더이상 고백할 것이 남아 있지 않아요
고백해버린 날

옷장에 넣어둔 가방 속에서
머리가 말했다

3

은밀한 상징의 성질은 투명
다 보여서 너무 다 보여서
가능해지는 파도

네 몸을 조금씩 잘라

피를 찍어 썼다

네가 죽어가는 게 너무 슬퍼서
자꾸 눈물이 났다

끈적거리는 심장을 손에 쥐었을 때
작별 인사

눈 속에 묻힌 책을 찾아 나섰다

머리만 남은 너를 안고

1

어쨌든 시는 기울어진 언덕을 베고 태어난다

머리와 함께 빛 속에 도착했을 때
너무 지쳐 벤치에 놓아둔 머리가
고꾸라진 줄도 몰랐다

색색의 빛은 자꾸 망친다

나의 날개는 아직 다 자라지도 못했는데

나무들이 간지러워 비틀거리는 소리

머리는 소녀의 얼굴을 한 채

울고 있었다

달리면서 쏜살같이 흘러가는 풍경을 만나고 싶어

나는 자전거를 훔친다

바구니에 소녀를 집어넣고

페달을 밟는다

가짜 나무 아래 멈춰 서서

본다는 일에 대해

듣는다는 숙명에 대해

오로지 남은

동그란 것에 대해

자꾸만 골똘해지면

슬픔이 푸르게 솟아나는 소리

다시 태어나면 뭐가 될까?
잠들지 못하는 밤마다 하는 생각이
점점 커져 기차가 되어 달려오고

지난달에 출판사에 갔잖아
문장만 좋으면 뭐하냐고 그런 말을 들을 때
왜 아무 말도 못했는지 모르겠어

소녀를 들어올려 눈을 맞춘다
네가 도와줘야 돼
나는 그냥 받아적기만 하니까

소녀는 말한다
그렇다면 나를 데려가줘

아직도 봐야 할 게 남아서

소녀는 노인의 얼굴을 한 채

웃고 있다

무릎을 베고 노인이 졸기 시작할 때

모든 빛이 일시에 꺼질 때

아무것도 보이지 않아서

무엇이든 감출 수 있는 시간은

슬픔이 자라기 좋은 시간인데

어쩌다 머리와 시를 쓰게 된 걸까

비밀은 무겁고

무거운 것은 나의 주머니

주머니 속에서 쏟아지는

색색의 빛이

눈 속에서 긴 꼬리를 만들 때

노래가 시작되고

노래가 끝나지 않아서

차가워 너무 차가워

노래를 너무 많이 들으면
다음 생에 선인장이 된다고
머리가 얘기했는데

8월 17일

단
상

망가지고 부서지고 분열된 것들

1

 사람이 세상을 어떤 방식으로 바라보느냐 하는 일만큼 중요한 것은 없다. 모든 일에서 그러하고 특히 글에서는 더더욱. 요즘 시인들은 멀찍이서 사랑을 읊조린다고, 그런 농담 아닌 농담을 친구가 했을 때 나도 그 비슷한 느낌을 가졌던 것 같다고 생각했다. 그리고 내가 시에서 대상을 바라보는 거리가 너무 가까워서 시가 후져지거나 촌스러워 보이면 어떻게 하지? 고민되었다. 그건 덕질을 하면서도 자주 한 생각이다. 멀리서 하는 사랑이 제일 뜨겁고 온전하다는 거. 결코 우리 사이에 관계란 것이 발생하지 않음으로 가장 높은 단계의 관계가 될 수도 있다는 거. 참 묘하지 않아? 그러면 어떤 거리가 적당한 걸까. 모르겠다. 매일 생각해. 이렇게 사랑하는데 그 사람이 나를 모른다는 게 너무 이상하다. 그런데 만약 내가 그의 현실세계에 존재할 수 있게 된다면 어떨까? 그건 그것대로 더 불행할지도 모른다는 예감.

사랑은 이토록 분열적인데, 대상에게 한 가지 거리만 갖는 게 가능하기나 한 걸까?

2

구글과 애플 같은 대기업에서 한다는 명상법을 유튜브에서 보고 나도 따라해보았다. 내면에 치중된 사람들은 외면을 향해 자기를 열고 외면에 쏠려 있는 사람은 내면에 집중할 수 있게 한다고 했다. 그래서 결국에는 스스로 '중심'을 찾는 거라고. 근데 나는 늘 생각하는데 나는 반으로 찢어진 채 양끝에 서 있다고. (앞서 말한 사랑의 방식처럼.) 한 번에 한 가지 상태만 가질 수 있다는 게 정말일까? 내면이든 외면이든 내가 나라는 인간을 하나의 자아로 통합시키지 않거나 혹은 그렇게 할 수 없는 것 같다. 난 그게 무엇이든 중간에 있고 싶지는 않은데. 이런 마음은 무엇일까? 파도처럼 있자 우리.

그래도 된다고 말해줘.

그러면 생겨나는 불가해가 세계에 있다면 얼마나 좋을까.

3

「뽀」라는 시는 『상자를 열지 않는 사람』이 나온 후 어떤 독자의 악평을 보고 울다가 쓰기 시작했다. 내가 기어온 진창을, 건너온 어둠을 당신이 알아? 알지도 못하면서 왜 그렇게 말하지? 그런 생각이 들었는데 너무 징징대는 글 같아 몇 달이 흐른 뒤에는 완전히 잊었다. 후에 시 폴더에 못 보던 제목이 있어 열어보았고 꽤나 흥미롭다고 생각해 오래 시간이 지난 뒤에 더 써서 완성하게 되었다. 입을 꿰매주는 세상에 하나뿐인 가게를 찾아 헤매는 내용이다. 나는 아무것도 내 안에 들이고 싶지 않다는 욕망과 아무것도 내 안에서 꺼내고 싶지 않다는 욕망을 동시에 갖고 있다. 어렸을 때부터 그랬다. 그래서 침묵 속에서 살아가는 삶을 자주 생각했다. 언젠가 학창 시절에는 말을 하는 순간 존재가 쏟아질 것 같아서 말을 못했던 기간도 있었다. 엄마가 되고 나서는 말을 쉴새없이 하게 되었지만. 그때의 나와 지금의 나는 같은 사람일까? 아닌 것 같다.

4

시를 쓸 때는 꼭 한 명만 생각한다. 그 한 명만을 위해서 쓰려고 한다. 그렇지 않으면 언어는 가루처럼 다 날아가버린다. 그 한 명이 없어서 공허한 말들만 나열하게 될 때가 있다. 그럴 때면 무서워진다. 옛날에는 그 자리에 '나'를 두고 썼던 것 같은데 왜 이렇게 되어버린 걸까. 나는 아직 시가 가진 비밀을 다 이해하지 못한 걸지도 모른다. 종종 생각한다. 나는 누군가 읽어주기를 바라고 시를 쓰는 게 아니라고. 아무도 읽지 않아도 쓸 거라고. 그렇다면 굳이 발표를 하고 책을 낼 필요가 있을까? 이 질문을 대학 면접 때 받았는데, 아직도 정확한 대답을 내놓지 못하겠다. 어쩌면 이해받고 싶은 온전히 누군가에게 읽히고 싶은 마음과 오해받기를 원하고 커다란 벽을 만들어 입구를 지우고 싶은 마음은 하나가 아닐까. 의도하지도 않았는데 모든 단락이 결국 분열을 향해 기울어지고 있다. 왜 그럴까? 나는 왜 이렇게 쪼개지고 나누어지고 있을까.

5

오늘은 정신과에 다녀왔다. 한 시간 십 분 정도 대기한 끝에 선생님을 만날 수 있었다. 병원 로비 책장에는 『죽고 싶지만 떡볶이는 먹고 싶어』1, 2가 꽂혀 있다. 2권도 있는 줄 몰랐다. 정신과 로비에 꽂혀 있기 좋은 책에는 뭐가 있을까? 그런 게 있을 리 만무하지만 정신과 사서가 된다면 나는 일레인 스캐리의 『고통받는 몸』, 데버라 리비의 『살림비용』, 내 책인 『나는 내가 싫고 좋고 이상하고』를 꽂아두고 싶다. 내 책을 넣은 이유는 그 책을 읽고 '나만 이상한 게 아니구나' 생각했다는 리뷰를 많이 봐서이다. 어쨌든 나만 그런지 모르겠지만 나는 상담을 진행하는 과정에서 라포가 잘 형성되면 선생님이 좋아진다. 아무한테도 못한 혹은 쉽게 꺼내지 못할 얘기들을 선생님한테는 할 수 있고 선생님은 항상 내 편에 서서 나를 생각해주기 때문이다. 지금 다니는 정신과는 나의 다섯번째 정신과인데 늘 내가 그랬던 건 아니다. 이번 포함 딱 두 번 선생님이 좋아졌었는데 그 두 번만 선생님에게 비밀 얘기들을 했던 것 같다. 이전에 좋아했던 선생님은 내가 글을 쓰는 것을 알고 있었고 내 글이 궁금하다 하셨다. 그래서 내 시집 『가능세계』를 서명하여 선물해드렸는데(그때는 시집이 한 권만 나온 때였다) 다음 번에 병원에 가니 그 책이 병원 로비 책장에 꽂혀 있었다. 나는 얼굴이 화끈거리고 화가 나고 슬펐다. 이유는 알 수 없지만 그 병원에는 더이상 안 가게 되었다.

6

최근 읽은 책은 클레어 키건의 『맡겨진 소녀』다. 같은 소설을 원작으로 한 영화 〈침묵하는 소녀〉도 있지만 영화는 아직 보지 않았다. 단숨에 뜀박질을 해 대문까지 달려가 아저씨에게 와락 안기는 소녀의 마지막 장면이 오래 마음에 남았다. 사랑받을 수 없는 가정에서 유년을 지낸다는 건 참 불행한 일이다. 가난하기까지 하다면 더더욱 그럴 것이다. 불행한 소녀는 멀리서 봐도 티가 난다. 얼룩진 신발, 닳고 보풀이 난 원피스, 단정하지 않은 머리카락 그리고 가장 큰 건 눈빛이다. 사람을 마주보지 못하고 곁눈질하는 그 눈빛을 소녀들은 갖고 있다. 동서고금을 통틀어 그럴 것이다. 대체로 과묵하고 또는 정신이 사나울 정도로 수다스러운 소녀들. 금세 침묵 속으로 사라지는 소녀들. 그 아이들을 사랑으로 돌봐줄 손은 어디에 있는 걸까. 나는 지금도 내 안에 어린아이가 들어앉아 지르는 비명을 느낄 때가 있다. 그러면 나는 문을 쾅 닫고 문 위에 문을, 문 위에 문을 만들어단다. 유폐되어 안 들리도록. 생명이 다 할 때까지 유년시절이 영향을 미친다는 건 참 이상한 일이다. 서른 중반을 넘어서까지 유년을 떠올리는 사람으로 비춰지는 게 가끔 견딜 수 없이 창피하다.

7

 다른 사람들도 그럴까? 난 혼자 있는 빈 시간이 두렵다. 혼자 있는 것은 좋은데 도무지 무엇을 해야 좋을지 모르겠을 때가 많다. 그래서 주로 영화나 드라마를 보면서 술을 마시곤 하는데 그러고 나면 늘 죄책감에 시달린다. 엄마인 나에게 혼자 운용할 수 있는 시간은 엄청나게 귀하고 소중한 것인데 그런 금 같은 시간을 겨우 술 마시고 드라마를 보면서 흘려보냈다는 게 한심하다. 하다못해 집 뒤에 있는 산에라도 갔다왔으면 좋을 텐데. 그런데 나는 혼자 집에 있을 때는 일정이 있는 경우를 제외하고는 절대 밖에 나가지 않는다. 난 밖이 싫다. 사람들, 시끄러운 소음들, 견딜 수 없는 냄새들. 그런 모든 게 견디기 힘들다. 물론 이렇게 집안에서 세월을 다 보내버리는 게 아깝기도 하지만 아무것도 궁금하지 않아서 그렇다. 먹어보고 싶은 것도 만나보고 싶은 사람도 가보고 싶은 곳도 없어서 그렇다. 빈 시간에는 무얼 해야 좋을까. 내가 했다가 관둔 것들은 영어 공부하기, 식물 키우기, 가재 키우기, 뜨개질하기, 운동하기, 새로운 사람 만나기 정도다. 아무것도 궁금하지 않은 사람들은 어떻게 하루하루를 채우며 살아나가서 삶의 끝에 당도할 수 있을까. 끝이 너무 먼데, 그때까지 무얼 하면 좋을까. 취미라는 것을 가지는 게 참 어렵다. 취미학원이 있으면 좋겠다. 어렸을 때는 취미란에 독서라고 쓰곤 했는데 지금도 내게 독서가 취미 영역일 수 있을까.

7-1

이 글을 다시 다듬고 있는 지금 나는 약 일 년의 시차를 두고 있다. 나는 요즘 뜨개질을 하고 있고 영어 공부도 하고 있다. 그리고 술을 완전히 끊은 지 일 년 정도 되었다. 사람은 이렇게 계속 변한다. 참으로 다행스럽다.

8

나는 왜 이 글을 이렇게 조각조각 나누어서 쓰고 있는 걸까? 그건 이 글 전체가 커다란 '분열'의 흔적이라서 그런 것 같다. 물론 처음부터 그런 것을 염두에 두진 않았고 쓰다보니 그렇게 되었다. 랜덤으로 플레이해놓은 애플뮤직에서는 지금 퀸의 〈We Are The Champions〉가 나오고 있다. 나는 분명 에이미 와인하우스에서 시작했는데 무슨 일이람. 가끔 랜덤 플레이의 기준을 이해하기 어렵다. 그러면서도 혼자 플레이리스트를 짜기 귀찮아서 틀어주는 대로 듣고 있다. 보통은 앨범을 통으로 들어서 플레이리스트를 만들 일이 없는데 가끔 이런저런 노래 사이를 유랑하고 싶을 때도 있다. 이 노래들조차 참으로 분열증적이라는 생각이 들어서 잠깐 웃었다. 물론 실제로 웃지는 않았다. 거창한 얘기 같기는 하지만 어쩌면 현대사회가 다 그런 것 같다. 계속 다른 것들이 잠깐씩 명멸하다 사라지고 동시에 여러 가지를 보고 듣고 읽는 일에 (반쯤 강제로)익숙해져야 하는 이 이상하고 아름다운 세계. 이걸 적고 있는 순간에는 마이클 잭슨의 〈Man in the Mirror〉가 나오고 있다.

9

최근 쓴 시 중에 「사랑하는 머리」는 노원구에 위치한 불빛정원을 배경으로 쓴 시이다. 물론 그곳에 가보지 않아도 시를 읽는 것에는 아무런 상관도 없지만. 어느 날 시인에게 머리가 나타나면서 머리의 말을 받아 적어 좋은 시를 쓰게 된 시인의 이야기다. 그 관계가 지속되면서 머리는 적잖이 시인을 협박하고 부려먹기 시작한다. 시인은 시를 쓰기 위해(?) 머리의 부탁을 들어주게 되는데…… 이렇게 맺으면 영화 소개 글 같아서 재미있을까. 처음 시를 기획하던 단계에서는 시인이 머리를 버리러 강에 가서 머리를 집어던지는 장면이 마지막 장면이었는데 쓰다보니 마지막이 완전히 바뀌었다. 자주 그런 것 같다. 생각했던 대로 써지지 않고 엉뚱한 방향으로 시가 튀어오르는 일. 첫 시집이 나올 때까지는 그런 일에 극심한 스트레스를 받았다. 그리고 모든 문장이 내 통제 하에 있기를 바랐다. 이제는 그런 일은 요원하며 이 엉뚱함 자체도 꽤 즐거운 일이라고 받아들이고 있다. 아니, 오히려 약간 기대될 때도 있다. 이번엔 어떤 샛길로 빠질까……? 그런 생각. 시쓰는 것은 참으로 재미있는 일이다. 물론 그만큼 잘 안되어서 죽고 싶을 때가 더 많다. 지금 보니 「사랑하는 머리」는 『파우스트』나 『그림자를 판 사나이』와 조금 비슷한 형식 같기도 하다. 그래도 내 시 속에서는 시인과 머리가 공존하고 동거하며 서로 돕는다는 점에서 조금은 더 귀엽고 따듯한 면이 있다고 주장하고 싶다.

10

드디어 원고지 이십팔 매가 되었다. 대체 산문집 쓸 때는 어떻게 오십 매씩 매주 연재를 했는지 모르겠다. 과거의 나 최고네. 양파 실험이 갑자기 생각난다. 한쪽 양파한테는 좋은 말만 해주고 한쪽 양파한테는 나쁜 말만 하는 실험. 정말로 말에는 그렇게 큰 힘이 있는 걸까? 그렇다면 사람들은 왜 그렇게 쉽게 나쁜 말을 타자에게 뱉을 수 있을까? 양파한테도 하면 안 되는 말을 사람들은 서로에게 마구마구 한다. 그런 세상이 너무 이상하고 무섭다. 나는 사람들이 시를 많이 읽는 세계나 그런 것을 바란 적은 없다. 상식이 통하는 세상에서 살고 싶다. 이 세계는 어딘가 많이 망가져 있고 멸망을 향해 가고 있다. 그런데 우리는 무엇을 하고 있는가? 어차피 백년 후엔 다 죽는다. 그러니 즐겁게 살고 싶다. 모두가 그랬으면 좋겠다. 이제 통합 말고 분열의 시대를 축하하자.

8월 18일

시

뽀

있잖아, 어두운 터널을 건너본 적 있어?

귀가 흠뻑 젖을 때까지

속력과 명암을 견디며

나는 있다

스스로의 이름을 잊어버릴 때까지

건넌 적

뽀

입술을 꿰매주는 가게를 찾느라

세계에서 단 한곳

간판도 없고 주소도 없는

운이 좋으면 서비스로 귀를 닫는 시술을 해주기도 한다지

연필처럼

외로워질 수 있다고

옛 애인이 얘기해준 적 있어

<u>뽀뽀</u>

세상에서 가장 자유로운 돌고래

사랑하는 모든 것

종탑에 서서 광장을 내려다보면

저절로 알게 되는 게 있어

사랑 자유 박애 평등

넓은 등에 손가락으로 쓴 편지

천천히 걸어들어가
눈치채지 못하게

섞이는 거야

군중 속으로

봐

봐

봐

아무것도 발생하지 않는 섬과 바다
사랑스러운 돌고래들

몇 년이나 헤매고 나서 찾았어
입과 귀의 모든 것

위로는 젬병이라 차라리
잘라버리고 싶었던 것들

남은 평생 단 하나의 단어만 말할 수 있다면
뭘 선택할래?
언젠가 네가 물었고
난 눈을 감은 채

응
하고 답했지

응

*

지하세계는 축축했고 어두웠어
사방에서 울리는 고동이
온몸을 벌벌 흔들고

천장이 너무 낮은 곳에서는

며칠 동안 기어다녔다

숨을 쉬기 어려울 때는
생각했어

뽀

아무 의미도 없는
그림자를

마침내 눈에 익은 모든
윤곽과 슬픔을

그러고 보니 전생애가
뒷걸음질뿐이었다고

진동
진동
진동

진동

머리끝부터 발끝까지 훑고 지나가는

울림

누군가 커다란 혀로 나를 핥고 있는 것 같다고

무얼 찾아, 무얼 찾아 이토록 먼길을

*

잘린 나무 골목을 돌아

검은 돌을 지나면

탈색된 세계가 있다

일 년 내내 불을 밝히고 있는

작은 오두막에 있다

두고 온 것들

변명이라는 말을 듣기 싫어서

말한 적 없는

잘리고 잘리고 잘리고 잘리고 잘린

나의 손목 수천 개가

<u>뽀뽀뽀</u>

바람개비처럼 꽂혀 흔들린다

△△△△△△△
△△△△△
△△△△△△△
△△△△

돌고래가 그려진

커다란 네 등 위에

나는 있다

8월 19일

산
문

기억하기를 멈추지 말아요

 최근 남성인 지인과 성별 간 사회 불평등을 이야기하는데, 그가 이런 말을 했다. '성차별? 그거 미투 이후로 없어졌잖아.' 마치 지나간 일을 왜 이야기하냐는 투로. 성차별이 그렇게 단기간에 사라질 수 있다고 혹은 사라졌다고 굳게 믿는 태도에 나는 말을 잃어버렸다. 더이상 무슨 말을 할 수 있겠어. 해봤자 내 입만 아플 텐데. 그렇다. 설득은 어렵고 결국 상처를 돌려받는 건 말하는 자다. 그런데도 또 입 아프려고 이러고 있다. 그에 관한 주제로 청탁을 받았기 때문이다.

 #문단_내_성폭력 고발 사건 이후 변화된 문학계 전반의 상황이 문학을 하고 있는 당사자들에게 미친 영향과 제기한 질문들. 이것이 내가 받은 주제이다. 문단 내 성폭력 고

발 사건을 이야기하는 것은 내가 겪은 일들을 재차 떠올려야만 하는 고통을 준다. 그런데도 수락한 것은 내가 아니면 누가 이것에 대해 더 이야기하려 할까, 싶은 마음과 나도 그간 생각해온 것이 있으니 이 기회에 글로 정리해봐도 좋을 것 같다는 생각이 들어서다.

그런데 왜 지금 이 이야기를 해야 하는 걸까? 마치 '이제는 말할 수 있다'처럼 충분히 시간이 지나 어느 정도 문단이 자정작용을 거쳤다고 여겨지기 때문일까. 아니면 잊어가고 있어서 다시 상기해야 한다고 여겨졌기 때문일까. 혹은 또 다른 이유가 있을까. 이 질문을 하는 이유는 어째서 '지금'인지 먼저 짚어보는 일이 중요하다고 생각하니까. 2016년 김현 시인이 발표한 글「질문 있습니다」를 시작으로 문단 내 성폭력 사건은 수면 위로 올라왔다. 그러니 벌써 육 년이 흐른 것이다. 그동안 문단에서는 무엇이 변했을까. 작년 2021년 5월에는 박진성 시인에게 김현진님이 승소하였고, 하일지 전 동덕여대 문예창작과 교수에게 1심 유죄가 확정되기도 했다. 일 년이란 시간.

여러 고발이 있었고 고발에 대한 결과(꼭 법적인 것만이 결과는 아니겠지만)를 보지 못한 채 사람들의 기억 속에서 사라진 사건들이 더 많은 것 같다. 결국 '지금' 이 이야기를 다시금 해야 하는 이유는 무엇이 변했는지보다는 '무엇을 아직도 기억하고 있나요?'라고 질문해야 할 때라서가 아닐까. '지금' 당신은 어떤 고발을 기억하고 있습니까? 묻고 싶다. 나는 다 기억한다. 낱낱이 빠짐없이 기억하고 있고 언제까지나 그러려고 노력한다. 내가 저지른 과오를 포함하여.

그간의 시 흐름을 분석적으로 이야기할 수는 없겠지만, 시의 판도가 많이 바뀐 것이 사실이다. 대부분의 시들이 무해하기로 작정하고 무해해지고 무해해졌다. 시는 스스로 무균실로 걸어들어갔다. 그러한 무해한 시들의 장점은 읽을 때 피로감이 들지 않는다는 것이다. 이곳이 안전지대처럼 느껴진다. 그러나 가끔 그런 생각을 한다. 무해하기 위해 안전한 것에 대해서만 발화하려고 하는 경향이 과연 시에 있어서 옳은 것일까? 무엇이 안전한가? 스스로의 내면으로 침잠하는 것이다. 대상을 함부로 다루고 소비하지 않으려는 노력은 언제나 필요한 것이지만, 대상 자체를 지우고 그 자리에 '나'를 놓아버리는 일. 그것은 시가 가진 미학이 아닌 것 같다. 또 시의 정황이 현실 바깥으로 가버리는 경우가 많아진 것 같다. 삶에 밀착되어 있을수록 안전하지 않기 때문에 환상적인 정황과 배경을 시 안으로 끌어들이는 것이다. 그렇다보니 무해하기로 작정한 시들은 별세계에서 '나'를 사유하고 '나'를 발화하는 경우가 많은 것 같다. 그런 것은 별로 재미있지 않다. 그렇다면 시의 재미란 무엇일까? 나는 시의 재미는(단정해서 말할 수는 없겠지만) 긴장과 낙차와 공백 그리고 미지에서 발생한다고 생각하는데, 오로지 '나'에 몰두하면서 그것들을 가능하게 만들기란 좀 어려울 것 같다. 그렇다보니 '나'의 이상한 체험, '나'의 기묘한 꿈, '나'와 '너(여기서 너는 나의 또다른 자아 혹은 나와 구별되지 않고 구별될 수 없는 너다)' '내가 나인 것을 견디는 어려움' 그런 시들이 많아진 것 같다. 물론 이 혐의에서 나도 자유롭지 않다. 그렇기에 더더욱 조심스러워서 자꾸 '-것 같다'고 쓰게 된다. 문단 내 성폭력 고발 이후 달라진 것은 어쩌면 이러한 논의조차도 조심스럽게 만들어버리는 것이다.

더 다양한 시들이 쓰이고 읽히고 시의 외연이 확장되어 더 생동감 있어지면 좋겠다. 어려운 일이겠지만 쓰인 시와 시인을 너무 밀착시켜 생각하기를 그만뒀으면 좋겠다. 한

번은 내 시에 대한 비평을 잡지에서 읽고 평평 운 적이 있다. 백은선은 학교에서는 왕따고 가정에서는 학대를 당했다. 그래서 이런 시를 쓴 것이다. 어린 소녀였을 백은선이 불쌍하다. 요약하자면 그런 내용이었다. 시는 늘 1인칭 현재를 기본으로 한다. 시에 시인 자신이 어느 정도 투영되는 것은 사실이지만 시의 화자와 시인을 동일선상에 두고 시를 독해하고 비평하는 것은 시를 쓰는 시인의 운신의 폭을 좁혀버린다. 나는 무언가를 쓰면 그것이 내 경험으로 여겨질 거라는 것을 감내하며 시를 쓰게 되었다. 그래서 나도 점점 별세계로 가게 된다. 우주에서 핵폭탄을 터트리는 나를 보고 진짜 실제로 겪은 일이라고 생각할 사람은 없을 테니까. 그런데 이런 불안정한 상태를 견디는 작가가 나뿐일까? 아닐 것이다.

그런 말이 있다. '침묵은 동조다.' 맞는 말이다. 그런데 나는 그동안 사건이 있을 때마다 모든 일에 반응하고 발화해야만 하는 역할을 수행해야만 할 것만 같았다. (실제로 그러지는 못했지만 그런 책임감에 괴로웠다.) 어떤 사건이 터질 때건 나의 입장을 분명하게 내세워야 할 것 같아 마음이 힘들 때가 많다. 누군가에게 SNS 메시지로 왜 아무 말도 하지 않느냐고 비난을 받은 일도 있다. 물론 우리는 끝없이 말하고 생각하고 주장하기를 멈추지 말아야 한다. 그런데 나는 왕왕 항상 분명한 입장을 고수하는 데 어려움을 느낀다. 무언가 확실한 상태를 견디지 못하기 때문일 수도 있고 때로는 내게 지워진 역할이 가혹하다고 생각하기도 한다. 침묵하는 자들을 미워해놓고 때로 침묵하고 싶어하는 이상한 사람.

친한 친구에게 물었다. 문단 내 성폭력이 수면 위로 올라온 후에 무엇이 바뀐 것 같은지. 친구는 내게 그런 말을 했다. '문단 내 모임들이 많이 사라진 것 같아.' (그 외에도 많은 이야기를 했는데 이미 쓴 것들이었다.) 그건 사실이다. 최근에 활동하는 젊은 시인들을 만나면 그들은 내게 말한다. '와 시인 처음 봐요.' 그러면 나도 말한다. '님도 시인이 잖아요. 저도 요즘 활동하기 시작하신 분들 처음 뵙는다구요.' 이렇게 우리는 오로지 지면으로만 만나는 사이가 되었다. '문단'이라는 곳은 실체가 없지만 그래도 일 년에 한두 번씩 얼굴을 보고 어제 만난 것처럼 반가워하던 사람들이 많이 사라졌다. 솔직히 한편으로는 속 시끄러울 일이 없어지기도 해서, 자리가 없어진 것이 전혀 달갑지 않은 것은 아니지만 소극적이고 내향적인 작가들끼리 얼굴을 보고 서로의 글에 대해 이야기할 수 있는 기회 자체가 사라졌다는 것은 퍽 서운한 일이다. 그런 자리가 사라진 것은 출판사 입장에서는 '오히려 좋은' 일이기도 하지 않았을까 싶다. 경제적인 부분에서의 이득과 술 취한 작가를 감당해야 하는 시간외 근무를 하는 편집자들의 고충이 줄어들었으니.

그렇다면 어떻게 하는 게 좋을까? 지금 머리를 굴려봐야 좋은 의견이 나오기 어렵겠지만, 자리를 만들면 참여 명단을 미리 작가들에게 공지해도 좋겠다. 당당하게 참여하지 못할 사람들은 그 공지로 얼추 걸러질 것이다. 피하고 싶은 사람들을 피할 수 있게 될 것이다. 또 일종의 기록으로 남아 그 자리에 있던 사람들을 파악할 수도 있다. 그리고 자리를 일찍 오후 네시쯤 시작하여 아홉시 이전에 파하면 좋겠다. (아니면 다과회를 열어도 좋겠다.) 그것만으로도 우려하는 많은 일 중 대부분의 일들은 사전에 차단될 수 있을 거다. 그리고 시를 쓰는 일에 대해서는 앞서 말한 것처럼 좀

더 다양한 글이 나올 수 있게 작가와 글 사이 거리두기를 하며 독해하는 시선도 필요하다. 근래 SF가 많이 소비되게 된 것에는 이같은 요인도 있을 것 같다고(물론 나는 SF를 엄청 좋아한다.) 조심스럽게 추측해본다. SF가 나쁘다거나 그런 얘기는 절대 아니다. 모두가 별세계로 갈 필요는 없다는 얘기다.

조금 다른 얘기처럼 들릴 수도 있지만 대부분의 한국남자들은 '남자로서 이래도 되나?' 하는 생각 없이 그냥 남자로 존재한다. 태어날 때 주어진 천성인 것처럼. 그런데 대부분의 여성은 내가 여성으로서 이런 행동을 해도 옳을까? 늘 자기검열을 하게 된다. 그리고 거기서 어긋나는 자신을 쉽게 손가락질한다. 처음 글을 시작할 때 왜 '지금'이냐고 나는 물었다. '지금'은 과도기다. 과도기에는 늘 좌충우돌하기 마련이니까. 조금 더 너그러운 마음을 갖고 지켜보려는 노력도 있어야 하지 않을까? 여성의 잘못과 실수에 너그러워질 수 있는 사회에서 더 여러 가지 목소리가 나온다고 믿는다. 실수를 하는 것보다 같은 실수를 하지 않으려는 노력이 더 중요하니까. 그게 결국에는 우리 미래를 바꿔놓을 거니까.

8월 20일

짧은 소설

세상의 끝에서 너와 나

*

 빛은 우리의 청력을 앗아간다. 계단에 앉아 떨고 있을 때 눈물을 다시 배울 때 빛은 검은 바다가 되어 나를 덮치고 나는 잃어버린 이름을 생각한다. 기억 속에서 시처럼 투명하게 흔들리는 바람. 갈대밭을 걷는다. 사랑의 얼굴을 하고 웃고 있는 작은 사람과 손을 잡고 걷는다.

 처음에 너는 너무 작아서 내 새끼손톱보다 작아서 보이지 않았다. 네가 겨우 젤리곰만큼 커졌을 때 너는 발가락을 가지고 노는 걸 제일 좋아했다. 눈물의 천재. 매일 우느라고 하루를 다 흘려보내던 뱃속의 작은 숲.

나는 자주 세계가 끝장난 다음 우리가 만날 풍경에 대해 썼지. 폐허가 된 거리를 걷는 두 사람. 울면 안 돼. 다그치는 어른. 모닥불 앞에서 한 개 통조림을 나눠먹는 저녁식사. 그건 어쩌면 내 공포의 가장 마지막 장이 아니었을까.

어째서 아름다운 것들은 다 망가져버리고 마는 걸까.

빛이 우리의 청력을 앗아간다. 계단에 앉아 어깨를 기대고 잠들 때 먼 과거를 실뭉치처럼 하나씩 풀어 허공에 걸어둘 때 어둠은 두 손을 앗아가고 나는 잊힌 이름을 생각한다. 꿈속에서 병처럼 낮아지는 음계. 터널 속을 걷는다. 슬픔의 얼굴을 하고 다 커버린 사람과 손을 잡고 걷는다.

마지막은 너무 멀어서 도무지 보이지 않고 네가 내 키를 넘어섰을 때부터 너는 닫힌 문 뒤에서 사라진 숲. 가끔 널 들여다보며 나의 흔적을 찾곤 했다. 발뒤꿈치를 들어올리며 멀고 먼 창을 훔쳐봤다. 뿌옇게 번져오던 검은 연기.

*

　절망은 누구나 쉽게 취할 수 있는 포즈라서 나는 점점 꼿꼿해졌다. 무릎을 펴고 허리에 두 팔을 얹고 깊은 숨을 들이쉬고 내쉬면 없던 자신감도 생긴다고 그랬어. 닫힌 문 뒤에서 온몸을 반듯이 한 채 나는 누구인가 끝없이 물었다.

　괜찮아. 아직은 우리에게 더 작은 소리가 있으니. 들을 수 없어도 알 수 있으니. 눈을 감고 장면이 떠오르기를 기다리는 동안. 빛은 한치의 흔들림도 없이 직선으로 쏟아지고. 빛이 빛을 뒤집고 빛이 빛을 이기는 동안. 더 길어지는 동안.

　폐허를 맴돌던 두 쌍의 손은 어디에 닿을까. 당도할 곳의 이름도 모른 채 걷고 또 걸으며 오로지 멀어지는 것만이 목적인 것처럼. 그럴 때면 너무 조용해 귀가 터져버릴 것 같아. 새들이 날아오르는 것을 가만히 서서 지켜보며. 보이지도 않는 마음에 매달린 커다란 눈물방울 하나가 부풀어오르는 것을.

　난 네게 그걸 배가 고픈 거라고 하고 다 괜찮다고 다시 거짓말하지. 빨갛게 물든 하늘을 천천히 오려내는 날개들의 무한 속에서. 거짓들을 쌓아 탑을 만든다면 나는 가장 높아 졌을 텐데. 찌는 듯한 더위에 뚝뚝 땀을 흘리면서도 긴 팔 긴 바지를 입고 걸어가는 우리의 그림자. 마치 어릴 적 색종 이를 오려내 만든 손에 손을 잡고 끝없이 길어지던 사람 모 양 같다. 허공에 펄럭이던 색색의 예쁜 사람들.

*

처음과 마지막. 처음과 마지막. 과정은 생략된 세상의 모 든 것. 빛과 어둠. 슬픔과 기쁨. 그리고 사라지는 것들. 활활 타오르는 불.

어둠이 깔리고 하나둘씩 사람들이 불 주위로 모여들기 시작할 때. 가장 납작한 어둠을 오려 서로의 어깨에 걸치고 불과 사람 사이 거리를 조정할 때. 어떻게 해야 따듯할지 어 떻게 해야 마주치지 않을지 거리를 재고 또 재며. 서로가 서 로의 방패이자 창이 될 때.

작은 뒤척임이 주먹질로 번지고 불이 넘어지고 비명이

터질 때.

뒤돌아보지 마. 앞만 보고 걸으며 두 눈을 가릴 때.

가장 먼저 잊어버린 말은 무엇이었을까? 사랑? 돈? 그런 섬멸 속에서 흔들리는 것이 있다고 쓴다면 너무 쉬울까. 너무 쉬워서 무서워지는 것들. 사랑, 사랑. 검은 손이 마지막까지 꼭 쥐고 있던 사진 한 장. 거기 새겨진 얼굴은 지금과는 전혀 다른 종류라 가끔 놀랍다. 사람은 얼마나 달라질 수 있는 걸까.

누구도 물어주지 않는 몸들이 거리 곳곳에 쌓여가고 쌓여가고 쌓여가고 열기 속에서 악취를 뿜으며 썩어갈 때. 코와 입을 틀어막고 쥐처럼 거리를 헤매는 우리. 봐야 할 것보다 보지 말아야 할 것이 많아서, 오늘도 밤은 슬픔의 가장 부드러운 가장자리. 별빛을 헤아리다보면 알게 되는 것.

*

소문이 돌기 시작하고 소문이 질병처럼 퍼지고 돌아보며

던진 눈빛 몇 개가 커다란 광물이 되어 돌아오는 밤이 점점 길어지고. 길고긴 광물의 이불을 펼쳐 우리를 덮으면 짓눌리는 게 있어. 무거워. 무거워서 돌아누울 수 없어요.

네가 열이 끓던 밤. 약국을 찾아 몇 시간이나 골목을 헤맸고 부서진 쇼윈도 안에서 무너진 선반을 뒤지다 한 사람을 만났을 때. 우리가 얼마나 놀랐는지 기억나니? 몇 분 동안 멈춰선 채 아무 말도 하지 못하고 서로 노려보기만 할 때. 첫마디를 내뱉기까지 얼마나 많은 생각이 머릿속을 휘감고 소용돌이쳤는지.

아파요. 아이가 아파요. 열이 나요.

겨우 더듬거리며 말했을 때. 시간이 수은처럼 녹아 바닥을 적실 때. 그가 건네준 타이레놀 두 알. 눈이 커지고 어깨가 떨릴 때. 감사 인사도 잊은 채 뛰듯이 도망쳐 나올 때.

아름다움은 어째서 이렇게 쉽게 망가지고 마는지.

어른이 되렴. 그런 말을 자주 했는데. 어른이 되면 뭐해. 어차피 지옥인데. 그래, 자라지 마. 영원히 아이로 남아 내 곁에 있어. 별이 떨어지며 하늘의 현을 흔들 때 반짝이는 소리가 수정처럼 쏟아지던 거 기억나니?

아직도 세상은 예쁜 것들이 많다고. 온전한 지옥은 아니라고. 그래서 우리는 자꾸 하늘을 바라보고 배운 적도 없는 기도를 하고. 이럴 줄 알았으면 성당을 다닐걸 그랬다. 몇 개라도 아는 기도문이 있다면 주문처럼 외울 수 있었을 텐데. 그럼 그게 우릴 지켜줬을지 어떻게 알아.

*

한 권의 책을 발견한 날. 이게 책이야. 기억나니? 어렸을 때 엄마가 많이 갖고 있었는데. 쓴 적도 있었는데. 어떻게 읽는지 알겠니? 그건 스티븐슨의 『보물섬』이었고 우린 짐이 되어 밤마다 몇 장씩 읽어내려갔다. 페이지가 사라지는 게 아쉬워서 조금씩 조금씩.

— 엄마, 보물이 뭐예요?

— 돈이랑 반짝거리는 돌들이야.

— 그걸 왜 찾아요?

— 그때는 그것들과 먹을 것 그리고 잘 곳을 교환할 수 있었거든.

— 지금은 왜 안 돼요?

나는 그 질문에 끝까지 대답하지 못했던 것 같아. 어떻게 약속이 사라졌는지보다 어째서 약속이 유지될 수 있었는지 스스로 믿을 수 없어서. 먹지도 못하는 걸 그토록 소중히 하던 마음은 어디에서 온 걸까.

그 보물은 누구의 것이었을까? 아니 누가 갖는 게 맞는 걸까? 보물이라니. 생각해보면 책도 보물 같다. 참 그래. 지금이 되어서야 하늘에 뜬 별처럼.

옛날에는 종일 책상에 앉아 종이 위에 이런저런 문장들을 적어내려갔었지. 그게 전부였던 적이 있지. 전생 같은 날들. 나는 무얼 찾아 그토록 헤매었나.

끝내 마지막 장에 이르렀을 때 우린 뒷장이 뜯겨나갔다는 것을 알게 되고. 결말은 영원히 미궁 속으로 미끄러지고. 어떻게 되었을까? 우린 함께 실버 선장을 미워했는데, 아직 우리 안에 이렇게나 많은 미움이 있다는 게 내심 반가웠어.

*

훌쩍 커버린 아이야. 너는 보물 같은 건 전부 바다에 던져 버릴 거라고 했잖아. 난 가장 높은 탑에 올라가 마구 그걸 뿌려대는 우리를 상상했어. 사람들은 어리둥절한 채 보물을 따라 뛰어다닐까? 아니면 도망칠까.

언제부터 사랑한다는 말을 하지 않게 된 걸까. 사랑해. 사랑해. 옛날에는 노래처럼 입에 달고 살았던 말을. 나는 짐가방을 고쳐 메며 갑자기 멈춰 서서 말하지. 사랑해. 너는 깜짝 놀라 뒤돌아보고. 눈을 깜빡이다가 고개를 돌려 다시 걷기 시작해.

그림자가 길어지는 시간. 모든 게 멈춘 것처럼 느려지는 시간. 흘러내린 땀이 손끝에 맺혀 떨어지고 흙 위에는 검은 점. 점. 점. 어쩐지 이 순간을 오래 기억할 것 같다.

어째서 아름다운 것들은 다 망가져버리고 마는 걸까.

*

몇 번은 쑥을 뜯으러 들판에 갔었지. 무얼 먹어도 되는지 안 되는지 잘 몰라서. 쑥은 먹어도 돼. 민들레도 먹어도 돼. 달래도 냉이도. 흙을 파내려가며 감자를 발견한 날에 우리 오래 웃었지. 땔감을 모아 산을 만들고 달라붙어 체온을 나누며 흙 묻은 감자, 따듯한 음식이 대체 얼마만이더라?

그렇게 하루하루가 흐르고 흘러 커다란 어깨를 갖게 될 때까지. 우리는 우리가 보낸 모든 시간을 다 기억하진 못하잖아. 그게 얼마나 큰 축복인지 몰라. 모든 걸 기억했다면. 잊을 수 없는 것들 때문에 머리가 터져버렸을 거다.

나무 위 사과 한 알. 돌배. 아카시아 꽃. 사루비아 꽃.

먹어도 먹어도 배가 고파서, 허기를 잊게 되었을 때. 매일은 공중에 떠 있는 유리병 같고. 닿을 것 같은데 닿지 않아서 점프를 할 때마다 조금씩 멀어지는 것 같아서. 괜히 화가 나고 그랬지. 그런 게 삶인가. 분명 만졌다고 생각했는데. 손끝에 남은 감각을 나도 믿지 못해서.

언젠가는 둘 중 하나가 먼저 죽을 거야. 그때는 미련 갖지 말자. 거리에 누워 천천히 부패해도 돼. 영혼은 이미 병보다 높이 떠서 다 내려다볼 거니까.

8월 21일

시

노래를 듣는 사람

빛으로 지워진 얼굴 한가운데서 파도가 친다.

그런 이야기 들어본 적 있어? 한 사람이 종말 후 지구에 혼자 남겨져서 계속 글을 쓴 거야. 낮에는 아무도 없는 마트나 편의점, 가정집을 돌아다니면서 통조림, 비스킷 같은 것들을 모아왔지. 밤에는 그것들을 아주 조금씩 먹으면서 평생 머릿속을 돌아다니던 목소리를 받아 적은 거야. 그는 하나의 이야기를 완성하고 나자(그 책은 몹시 두꺼웠어. 담요 뭉치에 감싸져 있는 책을 보면 마치 오븐 속 빵처럼 부풀어오르는 것 같았어. 어떨 때는 잠든 아기 같았고.) 맨 앞을 펼쳐 처음부터 그걸 읽기 시작하지, 그 책을 읽으려고 태어난 사람처럼. 밤새도록 게걸스럽게 그걸 읽어. 먹지도 마시지도 자지도 않고, 마지막 장까지 읽은 다음 책을 덮고 그는 긴 한숨을 쉬었어. 그리고 곧 책을 불속에 던져버렸어.

다음날 다른 날들과 같은 그의 하루가 시작되지. 음식을 찾아 떠돌고, 글을 쓰는 날들. 다시 책을 완성하고 읽고 불속에 집어 던지는 날들. 그러니까 그는 죽을 때까지 하나의 이야기를 반복해서 쓴 거지. 그런데 그가 처음 썼던 얘기와 마지막으로 쓴 얘기가 얼마나 같을 거라고 생각해? 그가 반복해서 쓴 모든 이야기가 전부 같은 이야기일까? 만약 다르다고 생각한다면 그는 여러 권의 책을 쓴 거라고 생각해? 만일 같다면……(그럴 수는 없겠지만.) 그런데 아무도 읽지 못할 게 분명하잖아. 아무도 듣지 못하는 소리는 소리라고 하지 않는대, 그건 진동이래. 그럼 아무도 읽지 못할 때조차 책은 책일까? 반복해서 단 한 권의 책을 쓰는 마음은 무엇일까.

파도가 친다. 지워지는 눈코입.

그런 이야기는 너무 쓸쓸해서 어쩐지 눈물이 날 것 같지.

난 사실 한 사람 한 사람이 하나의 돌림노래 같다고 생각했어. 어떤 사람은 노래를 들어. 내내 무엇을 하든 배경음악처럼 삶을 끈질기게 따라다녀. 그래서 받아 적는 거라고. 평생 자신의 노래를 눈치채지 못하고 죽음에 이르는 사람도 있겠지. 노래를 듣는 사람은 평생 온전히 노래를 해석해내는 법에 몰두하며 반복하게 되는 거고. 그건 어쩌면 춤이 될 수도 책이 될 수도 때론 그저 삶에 온전히 집중하는 것이 될 수도 있겠지. 그런 사람들은 전부 비슷한 지점을 공유한다고 생각했어. 듣는 사람, 듣지 못하는 사람. 어쩌면 듣는 일은 가혹한 형벌 같기도 축복 같기도 해. 아무것도 모르고 사는 게 더 나을지도 모르는데. 어둠 속에 잠겨 생각하게 되잖아. 어째서 이 모든 것을 알아버린 걸까.

그 이야기를 하는 동안 우리 사이에 놓여 있던 팥빙수가 전부 녹아버렸다. 곤죽이 된 것을 맥없이 숟가락으로 휘젓다가 우리는 말없이 카페를 빠져나왔다. 한참을 걷다가 공원 입구에 다다랐을 때 너는 말했다. 어째서 그런 생각을 하는 거야? 세상에 혼자 남겨진 사람에 대한 생각 같은 거. 그렇게 말하는 네 얼굴은 금방이라도 부서질 것처럼 얇은 얼음. 나는 근사한 이야기라고 여겨 말을 꺼냈는데, 왜 너는 눈물을 쏟는 걸까. 어디서부터 어긋난 걸까. 손끝을 만지작거리다가 나는 네게서 한 발자국 물러선다. 왜 우는 거야? 물을 수 없어서. 흔들리는 나무 사이로 쏟아진 빛무리가 우리 사이에서 반짝이고 있었다.

수만 갈래로 일렁이는 물결. 떠오르는 눈코입.

밤, 나는 홀로 책상에 앉아 단 한 사람을 떠올린다. 그가 가장 큰 기쁨을 느낀 순간은 언제였을까? 처음 책을 완성했을 때일까, 아니면 어렸을 때 좋아했던 자이언트 옥수수 통조림을 발견한 순간이었을까. 가장 외로웠을 때는 언제일까? 아무도 읽어주지 않는다는 것을 뼈저리게 통감한 순간일까, 불속에서 활활 타는 종이더미를 바라볼 때였을까. 문득 꿈을 꾸다 깨서 혼자라는 사실을 다시금 받아들이며 울음을 터트리던 밤이었을까. 나는 결코 알 수 없어서 계속 생각하게 된다. 사람은 어떤 방식으로 환희에 다다르고 또 절망하게 되는 걸까. 너도 내게는 마찬가지다. 도저히 온전하게 포개어질 수 없는 사람. 가까이 갈수록 서로의 결핍이 서로를 할퀴게 되고 마는 것을, 우리는 언제까지 견딜 수 있을까. 그런 것을 사랑이라 불러도 되는 걸까.

8월 22일

산
문

빛의 층계 끝에 다다를 때

시는 빛으로 이루어진 층계다.
시는 어둠 속에서 펼쳐보는 일기장이다.
시는 가장 처음 배운 외국말이다.
시는 불속에서 녹아내리는 뼈
손끝에서 터지는 한 발의 총성
노래를 듣는 순간 떠오르는 과거의 풍경이다.

시는 모든 것이다. 사물의 희미한 윤곽, 생물의 동력, 우주가 부풀어오르는 리듬이 바로 시다.

시의 쓸모

혹자들은 말한다. 시란 쓸모없다고. 나는 그렇게 생각하지 않는다. 시만큼 쓸모 있는 것은 없다. 시는 내가 존재하지 않는 순간에도 나를 구성할 수 있는 세계의 유일한 것이며 과거를 재현할 수 있는 가장 오롯한 장르이다. 그러한 시를 왜 사람들은 쓸모없다고 말하는 걸까?

그건 바로 시가 자본주의로 곧 치환되지 않는다는 의미일 것이다. 시는 돈이 아니라는 말이다. 세상에서 가장 중요한 가치가 무엇일까? '삶의 의미'를 묻는 질문에 한국인만 '물질'을 1위로 꼽았다는 뉴스를 본 적이 있다. 이토록 가치는 유동적이고 상대적이다. 그렇다면 시인공화국이라 불리는 한국, 현대시가 발전한 한국에서 오히려 시의 가치를 무시하고 자본주의적 가치를 높게 친다는 것, 그러한 현상이 우연이라고 생각되지 않는 건 왜일까?

나는 풍선과 같은 것이 있다고 생각한다. 한쪽을 누르면 다른 한쪽은 튀어나오기 마련이라고. 시는 전혀 무용하지 않다. 시는 사람을 붙드는 가느다란 실이 되어줄 수 있다고 믿고 싶다. 시를 읽지 않는 사람과 시를 읽는 사람이 보는 세상이 같다고 믿지 않는다. 시의 눈으로 세상을 보면 세상은 좀더 어둡고 좀더 비참하고 부조리하기도 하지만 시의 눈으로 볼 때만 반짝이고 세밀해지는 풍경이 분명 있다. 우리는 끝없이 발견한다. 그것은 정말 멋진 일이다. 시가 세상에 없었다면 벌어지지 않았을 일.

시를 읽으면 세계를 더 잘 이해할 수 있다. 절망도 더 커질지 모르지만. 모르니까 웃을 수 있는 것보다 알고 슬퍼하는 게 낫다고 여기는 사람이라면 시를 읽자. 시는 언제나 두근대고 있다. 지나가는 사람의 뒤통수에서 쏟아진 빛에서, 밀려오는 파도에서, 무덤에 돋는 풀에서, 우리는 시를 만나고 알 수 있다. 그건 물론 아무 의미 없는 일이다.

방금 전에는 시가 무용하지 않다더니 무슨 소리냐고? 원래 세계는 아무 의미 없다. 시도 마찬가지다. 어디에 가치를 두는가는 우리 선택일 뿐이다. 당신이 파도를 보며 서 있는 동시에 자동차 전시장에 서 있지 못하는 것과 같은 이치이다. 삶에는 아무런 인과도 운명도 없다. 주어진 시간을 재미있게 혹은 의미 있게 사용하는 것이 삶이다. 그러니 이 지긋지긋한 삶을 사는 동안에는 시를 가까이하는 게 좋다고 나는 생각한다.

시가 만들어지는 원리

나는 이 글에서 내가 말하는 모든 것을 배반하고 싶다. 이미 살면서 시에 대해 너무 많이 말했기 때문이다. 사실 나는 시에 대해 말하는 것을 싫어한다. 혼자 속으로 생각하는 것만 좋아한다. 시에 대해 말하면 말할수록 자기기만으로 느껴지는 동시에 시에서 멀어진다. 나는 그런 일이 너무 슬프다.

나는 몇 번이나 여러 곳에서 어떻게 시를 쓰는지 이야기했다. 여전히 나는 그렇게 작업한다. 단어를 하나씩 모으고 문장을 모으고 이미지를 모아 커다란 퀼트 이불을 만드는 것처럼. 둥근 돌과 둥근 돌 사이, 둥근 돌을 놓지 않는다. 그 사이 나의 잘린 손, 깨진 거울, 커다란 바퀴를 놓고 싶다. 나무를 오를 때에는 너무 작은 나무에는 오르고 싶지 않다. 나뭇가지가 쉽게 부러질 수도 있고 막상 올랐을 때 마주할 풍경이 땅에서 보는 것과 별반 다르지 않다면 왜 더 높은 곳에 올라야 하는가? 땅을 파내려갈 때도 그렇다. 어지간한 깊이

로는 만족하고 싶지 않다. 커다란 돗자리 하나쯤 넉넉하게 깔 수 있으며 비바람도 피할 수 있을 만치 깊은 굴을 파고 싶다. 그곳에 누워 겨울을 나고 싶다. 영원히 사라질 마음이라면 그럴 수도 있게. 나는 시를 온전히 장악하고 싶다.

 시는 그렇게 시작된다. 질문과 욕망으로부터. 대답할 수 없는 질문, 질문이 질문의 꼬리에 꼬리를 물게 만드는 형식으로, 답할 수 없음에 저항하려는 팽팽한 힘으로 그러나 결국 미끄러짐으로 수없는 미끄러짐의 반복으로 반복과 반복이 기차처럼 지나가고 지나가는 것을 보며 애초에 미끄러짐만이 목적이었다는 듯이 더 바라고 바라며. 시의 열차는 영원히 길어질 것 같은 예감의 터널 속으로 빨려들어간다. 칙칙폭폭 칙칙폭폭. 끝없이 불어나는 우물 속 달처럼. 부서질 수 없는 달처럼. 거기 도사린 어둠처럼. 그 어둠을 가르는 밧줄에 매달린 양동이처럼.

 시는 도저함을 견디며 조금씩 나아가는 것.

 시는 도저히 시가 될 수 없는 상태에서 도약할 때 비로소 시에 가까워질 수 있는 것 같다. 이 무슨 모순적인 말이냐고 반문하더라도 이보다 더 정확히 시를 설명할 수 있는 방법이 없다. 한 마리 뱀이 풀숲을 기어간다. 풀이 흔들린다. 흔들린다. 흔들린다. 그뒤를 살금살금 좇는 존재가 있다. 눈을 번뜩이며 뾰족한 발톱을 핥으며. 순간 새들이 날아오른다. 숲은 소란으로 가득차 누구든 그 장면을 본다면 귀가 터져버릴 것 같다고 생각할 것이다. 그러나 그것을 목격한 사람이 아무도 없다면 그것에 무슨 의미가 있을까? 아니 목격한 사람이 있다 한들 그것이 대체 무슨 의미를 획득할 수 있단 말인가? '의미부여'란 참 징그러운 것이다.

누군가 그 장면을 보고 '약육강식의 자연, 맹수의 습격' 같은 말을 한다면 나는 그 사람과는 절대로 친해질 수 없을 것이다. 풍경에 의미를 투영하는 것에 거부감을 느낀다는 뜻이다. 내가 슬퍼서 새가 울고 내가 아파서 눈이 오고 우리가 기뻐서 꽃이 피는 그런 세계는 없다. 제발 시 속에도 없었으면 좋겠다. 나는 시에서 가장 먼 지점에 그런 세계가 있다고 생각한다. 단지 적확하고 구체적인 언어로 장면을 그려내고 싶다. 그래서 시를 만드는 원리가 뭐냐고?

A와 Z의 사이를 보여주고 설득하는 과정이 시를 작동시킨다. 그것에 얼마나 필연성이 있는지를 보여주는 방법은 다양하다. 감정으로 압도할 수도 있고 정교한 형식으로 독자를 끌고 갈 수도 있다. 어쩌면 끌고 가지 않아도 될는지도 모른다. 시인과 화자가 진심으로 의심 없이 믿는 순간, 시가 생겨날지도 모른다. 그러나 믿음이 생기려면 분명 필연적인 것이 있어야 한다. 필연은 '그럴 수도 있다'는 가능성을 넘어서는 지점에서 '그것이 아니면 안 되는 것'이 생겨날 때 발생한다. 나무가 흔들린다고 쓴다면 다들 흔들리는 나무를 떠올렸으면 좋겠다. 왜 흔들리는지는 나중에 생각하거나 생각하지 않는 게 오히려 시를 시로 있게 하니까.

질문은 영원히 대답하지 않았으면 좋겠다.

시를 쓰는 이유

시의 고유함은 어디에 있을까? 왜 시가 아니면 안 되는 것일까? 그것은 내게도 오랜 질문이었다. 늘 '이것도 시냐?'는 질문을 받았기 때문이다. 왜 이것도 시인지 설득하려면 시에 대해 더 많이 생각할 수밖에 없었던 것 같다. 그런 질문을 받은 이유는 대체로 시의 길이에 있었는데, 비단 시라는 것이 길이의 길고 짧음에 의해 판별되는 것이 아니라 할지라도 사람들의 눈에 내 시는 '길어도 너무 길다'고 여겨졌던 것 같다. 이것도 시라고, 나는 시를 쓴다고 말하려면 먼저 내 안에 시에 대한 논리가 선행하고 작동해야 한다. 그렇지 않으면 그냥 이도 저도 아닌 이상한 글을 쓰는 사람이 되어버리니까. (사실 지금 생각하면 그것도 나쁘지 않지만! 어린 나에게 시를 쓴다는 정체성은 무엇보다 중요한 것이었다.)

그러나 지금도 가끔 도통 시가 뭔지 모르겠다는 생각이 든다. 그럼에도 끝없이 시가 무엇인지 이것도 시인지 생각한다. 시는 무엇일까? 다른 장르로 치환되지 않는 시만 가진 고유성은 어디에 있을까? 사전을 찾아보면 시는 '문학의 한 장르. 자연이나 인생에 대하여 일어나는 감흥과 사상 따위를 함축적이고 운율적인 언어로 표현한 글이다'라고 나와 있다. 맞는 말이지만 시의 고유성을 입증해주는 설명은 아니다. 만약 내가 사랑에 대해 쓸 때 '나는 당신을 사랑합니다'라고 쓴다면 그 누가 그 마음을 집어낼 수 있을까? 그것을 드러낼 장면을 그려낸다면 어떨까? '너의 눈을 본 순간 내 안의 새떼가 일시에 추락했다. 꽃잎이 벌어지는 것처럼 간지러웠다'고 한다면. 어쩌면 조금은 더 잘 전달될지도 모른다고 믿고 싶다.

  시는 이처럼 감각을 버리는 장르다. 여러 특징이 있겠지만 내게는 그러하다. 내 안에서도 시에 대한 정의는 매번 달라진다. 그래서 항상 시에 대해 질문할 수밖에 없으며 그래서 재미있는 것이다. 아마 완벽한 정답을 찾아내는 순간(그런 순간은 오지 않겠지만)이 있다면 그후에는 어쩌면 시를 더이상 쓸 수도, 쓸 필요도 없어질 것이다. 시는 파도가 끊임없이 구겼다 펼쳐보는 비밀 편지 같은 것이니까. 내가 이 세계에서 조금 더 정확해질 수 있는 혹은 구체적으로 실존할 수 있게 해주는 유일한 수단이니까. 그래서 나는 시를 쓴다.

빛의 층계 끝에 다다를 때
  물론 나도 시에서 대상을 사용한다. 모든 언어는 상징, 즉 메타포니까. 내가 앞서 예를 든 것처럼 새떼나 파도에 대해 이야기하는 순간 나는 그것들을 나의 메타포로 '이용'하는 셈이 되니까. 언어를 도구로 쓰면서 무엇을 대상화하지 않기란 불가능하다. 그런데 그 방식의 미세한 차이가 아주 큰 간극을 만들어내는 것 같다. 가령 누군가가 당신에게 '너는 무관심한 사람이야' 한다면, 불편하거나 왜 내가 무관심하다는 거지? 의문이 들 것이다. 당연하다. 함부로 정의당했기 때문이다. 범박하게 말하면 그 '함부로'를 하지 않기 위해 노력하는 시와 노력하지 않는 시가 세상에는 있는 것 같다. '내가 슬퍼서 새가 운다'와 '새가 우는 소리를 들었을 때 눈물이 났다'는 같지 않으니까.

나는 어렸을 때 '영원'이란 말이 너무 무서웠다. 절대로 쓰지 말아야 하는 말이라고 생각했다. 미지의 것을 말할 자격이 없다고 생각했던 것 같다. 그런데 시를 쓰다보니 때로 '영원'이란 말이 아니고서는 결코 표현할 수 없는 게 있다는 생각이 들었다. 물론 누군가 내게 '영원히 사랑해' 하고 말한다면 나는 줄행랑을 칠 것이지만, 신의 마음에 대한 시를 쓸 때 세계에 빛이 없고 어둠뿐이던 순간부터 지금까지를 우주적 시선으로 상상하려 애쓸 때 나는 간신히 조금 '영원'을 알 것 같다. 그럴 때 나는 백 년도 안 되는 이 삶이 지긋지긋한데, 신은 어떨까? 얼마나 지겨울까? 그런 생각을 하다보면 아득해지곤 한다. 거기서 발생하는 이상한 감각이 있다.

나는 시가 무엇이 '되어보는' 일과 다르지 않다고 생각하는데, 그러려면 때론 '영원'도 필요하다고 이제는 생각한다. 물론 함부로 어떤 거대한 말을 써서는 안 된다는 생각에는 변함없지만, 그보다 중요한 것은 시는 무한히 나아간다는 것이고 나는 그 무한 속에서 단지 하나의 프레임을 보고 있을 것이라는 거. 그러므로 그 누구도 층계의 끝은 알 수 없겠지만, 다정하고 단호한 사람이 좋은 시를 쓴다고 나는 믿는다.

어떠한 방식으로 세계를 포섭할 것인지 내재화된 눈을 갖는 게 시를 쓰기 전에 필요한 준비물인 것 같다. 나는 세상의 중심이 아니니까. 단지 우리는 접촉 불량의 라디오처럼 가끔 연결될 뿐이니까. 그 연결된 찰나의 순간을 집어내는 손이 시의 손이니까. 연결되지 않고 백색소음만 가득한 순간들이 많아서 그 사이를 내내 짐작해야 하니까.

8월 23일

일
기

자연스럽게 다치며 살아가기

　가끔 외로움에 눈앞이 깜깜하다. 나는 견디며 무감하게 살다가도 종종 술에 취하면 틴더를 했다. 당장 아무라도 좋으니 연결되고 싶어서. 비 내리는 골목이 어둠 속에서 떠오를 때, 차오르는 감정을 어느 쪽으로도 분류하지 못한 채 부유할 때, 빗속에서 녹아버리고 싶어. 그런데 녹지 않아. 다 끝장나기를 내내 기다리기만 할 때. 그러면서도 동시에 다 끝났다고 느껴질 때. 이제 앞으로는 아주 천천히 죽는 일만 남았다고.

　목소리를 듣고 싶어. 사람의 목소리.

　그러다 막상 연결되면 현타가 왔다. 내가 원했던 것은 이런 게 아니었는데. 아무라도 좋다고 생각했지만 이런 아무는 아니잖아요. 솔직히 이건 너무 심하잖아. 한번은 남사친과 핸드폰을 바꿔 틴더에 들어가 본 적이 있다. 세상에 너는 이런 것을 보고 있었다고? 이렇게 아름다운 존재들을 이렇게 많이 보고 있었다고? 나는 벗은 사진과 차 사진 못난 사진들 사이를 헤매며 겨우 한 명에게 라이크를 보낼 동안! 심지어 그 한 명과도 빻은 대화에 지쳐 어플을 꺼버리는 게 다반사인데. 이쯤 되면 사막에서 바늘 찾기 아닌가요. 애초에 기대하지 않으면서도 혹시나 하는 마음은 참 어리석다. 그런 생각을 하면 스스로가 한심하고 자괴감이 들어.

그러면 또 한동안은 술도 마시지 않고 어플도 들여다보지 않으면서 시간을 보낸다. 매일의 일에 치여 살다보면 시간은 잘도 간다. 문득 이런 생각이 들곤 해. 아무도 나를 만지지 않은 지 얼마나 됐지? 누군가의 손을 잡아본 지 얼마나 오래됐지?

수업 시간에 학생들에게 앙드레 브르통의 『초현실주의 선언』을 간략히 강독해준 다음 '마술적 초현실주의 글쓰기'

를 삼십 분 동안 해보기로 한 적이 있다. 일체의 잡념을 내려놓고 단지 손이 쓰는 것을 따라가며 무의식까지 내려가는 글을 써보는 것인데, 막힐 때마다 쓸 말을 각자 정해두었다. 누군가는 '그때 닌자가 나타났다'로 누군가는 '집 가고 싶다'로 글을 썼다. 만약 나의 문장이 '손잡아줘'라면 이런 것이다.

그때 사냥꾼은 뒤를 돌아보았다. 유리잔이 날아오르고 숲은 조용해졌다. 손잡아줘. 그림자가 길어지고 회전문이 타올랐다. 붉은 지붕들 빛나는 칼들 춤추는 새벽의 교각들. 손잡아줘. 손잡아줘. 유령이 쿵 하고 쓰러졌다. 웃는 소리가 들렸다. 총이 발사되었다. 손잡아줘. 이빨이 흔들린다. 푸딩이 흔들린다. 하늘 위엔 어두운 계피. 손잡아줘.

아무 말이나 쓰면서 막힐 때마다 '손잡아줘'를 쓰는 것이다. 떠오르지 않는다면 반복해서 '손잡아줘'를 쓴다. 그런 글쓰기를 하고 난 다음 각자가 쓴 것을 돌아가며 읽었다. 그날 많은 글을 읽었는데, 오래도록 내 기억에 남았던 문장은 '울고 있는 내 얼굴을 만져줘'였다. 때로는 수많은 비유나 이미지보다 더 강력한 진심이 있다. 그 말이 내 안에 남아 메아리쳤다.

울고 있는 내 얼굴을 만져줘

어떻게 그런 말을 할 수 있을까. 그런 용기는 어디서 생겨나는 걸까. 부럽다. 나는 늘 마음을 왜곡한다. 있는 그대로 쓰는 것이 무섭다. 없어 보일까봐 무섭고 모두에게 들킬까봐 무섭다. 글을 망친다는 걸 알면서도 때로 나는 기꺼이 도망친다.

이혼 후 나는 한동안 화가 많았다. 술을 먹으면 더 화가 많아졌다. 욕하고 소리를 질렀다. 나는 어딘가 망가져 있었다. 사람들이 나를 이상하고 미친 사람이라고 여기기를, 자포자기한 상태로 바랐다. 그게 맞는 것 같았다. 이 지옥이 내 자리야. 나는 타고나길 엉망이야. 나를 전시하는 일에 취해 있었는지도 모른다. 어쨌든 모든 것은 추측에 불과하다. 전부 사후적으로 생각하는 수밖에 없기 때문이다. 타인에게 그러한 것처럼, 나도 나를 이해해보려 부단히 노력한다.

최근 신기한 일이 있다. 갑자기 찾아온 것은 아니고 천천히 진행되어 나조차 눈치채지 못했던 변화다. 술을 마셔도 화가 나지 않는다. 친구의 말에 따르면 귀엽게 취한다고 한다. 전남편을 스물한 살부터 만났던 나는, 평생의 음주 기간 동안 전남편을 알고 지냈다. 그래서 그냥 내 술버릇은 화내는 거라고 생각하고 살았다. 근데 서른세 살에 전남편과 헤어지고 나는 점점 괜찮은 사람이 되어가고 있다. 그러니 감히 말할 수 있다면 삶에서의 치유란 별게 아니고 내 곁에 나쁜 사람을 두지 않는 것이 아닐까.

인생을 송두리째 잃어버린 것 같아서 세상에 화가 났던 마음도, 젊은 시절이 온통 부정당하는 것만 같았던 시간도 서서히 막을 내려간다.

약간의 외로움은 사람에게 약이 된다. 이런 말로 이 글을 끝맺고 싶었다. 그렇지만 솔직히 아주 많이 외로울 때도 있다. 그래도 결혼생활을 할 때만큼 외롭지는 않다. 지금 생각해보니 '결혼생활'이라는 말은 참 웃기고 이상하다. 이토록 직접적인 형태로 '생활'을 규정할 수 있다는 것이. 물론 작가생활이란 말도 웃기다. 대체로 우리는 생활$_{生活}$을 의식하지 않으며 생활을 하지 않나? 가장 의식적인 생활은 결혼생활이라는 생각. 인간에게 자연스러운 형태는 혼자이고 외로움이라는 생각.

일전에 산문집 『나는 내가 싫고 좋고 이상하고』에 아이가 나를 사랑해주기 때문에 다른 사랑은 필요 없다고 적은 일이 있다. 그런 말을 쓴 것이 내내 후회되었다. 내가 생각하는 아이의 사랑은 다른 사랑의 대체제가 아니며 절대적 사랑의 본질 안에 있는 것인데, 그런 마음을 제대로 쓰지 못했다. 어쩌면 나는 이 사랑에서도 언젠가는 졸업해야 할지 모른다는 것을 안다.

그렇지만 그 졸업은 진짜 졸업이 아니고 다른 형태의 사랑으로의 이행이라는 것도.

어쩌면 언젠가 또 취해서 틴더를 할지도 모른다. 그렇게 하루하루 재미있게 살면서 다치고 회복하기를 반복하는 게 사는 거 아닐까. 나는 일희일비하며 산다. 그게 좋다. 인생 별거 없으니깐 말이다.

8월 24일

시

침묵의 서書

 태어나기 전부터 줄곧 봐왔던 것. 나의 출처. 어둠에 몸을 담그고 비좁게 나는 떨고 있었죠. 검은 엄마가 검은 쌀을 검은 손으로 씻어 검은 밥을 지어주었어요. 밤 냄새가 났고 피 맛이 났어요. 내 살을 씹는 맛.

 한 번도 본 적 없는 것들은 상상할 수도 없어, 온통 어둠뿐인 불속에서 나 흐르는 꿈을 꾸었죠. 세계의 모든 검정이 흐느끼며 반짝이는. 거울 심장 가위 모자가 한데 어울려 춤을 추면 노래가 시작되고 나는 웃고 또 웃느라 시간이 멈춘 줄도 몰랐죠.

 엄마와 옷장 속에 누워 잠들 때마다 심장을 움켜쥐던 검정의 귓속말을 어떻게 내가 잊겠어. 깨어나 그림자를 꺼내 입을 때, 앞도 뒤도 없는 양면종이 같은 이 납작한 어둠. 매일이 같아서 새로워지는 세계에 대해 어떻게 증언할 수 있겠어.

비스듬히 쌓인 돌탑의 끈질긴 균형을 누가 다 알 수 있나요. 엄마, 엄마 하면 생겨나는 흙냄새.
밤이 타는 하늘의 냄새 속에 있었던 사람만 아는 질서. 비밀의 무게에 복무한다는 게 얼마나 무거운지. 두 손이 빨갛게 부풀어 펑 터질 것 같은 단단한 침묵.

결국 나를 여기까지 끌고 온 건 첫 문장인데, 아무것도 기억하지 못해서 발목까지 환해지는 간지러움. 언젠가 돌아갈 거라고 믿어서 삶이 전부 기다림이었다고 하면 믿을래요? 말도 안 되는 절망을 내내 노려보고 있었다고. 그걸 다 보느라 평생이 지나갔다고.

지금도 거느리고 다녀요. 등뒤에 매달린 그림자. 시간의 입구이자 영원의 출구. 가리키면 투명하게 사라지는. 난 그걸 뭐라고 부를까 골몰하다가 문득 검은 손을 빨며 놀던 밤이 생각나면 사무치게 그리운 게 있어요. 나조차 믿을 수 없는 마음, 그 지옥이 사람을 내내 세워놓을 수 있다는 게 믿겨요? 엄마?

8월 25일

산
문

따로 또 같이: 우리의 그림책

 나는 아이를 갖기 전까지 가장 좋은 독서는 묵독이라고 늘 깊이 믿고 있었다. 아마 평생에 걸쳐 내가 책과 가져온 내밀한 관계 때문이 아닐까 싶다. 나에게 독서란 늘 몰래 하는 것, 은밀한 것에 속했기 때문이다. 물론 아주 어릴 때에는 부모님이 나의 책 읽는 습관을 몹시 자랑스럽게 생각했다. 저 어린아이가 벌써 『죄와 벌』을 읽었다고 주변 친지에게 수차례에 걸쳐 이야기했던 게 지금도 기억이 난다. 그러나 내가 자라나 학교에 가고 난 뒤에는 부모님은 '문학'에 빠져 있는 것은 '공부'에 도움이 되지 않는다고 주장하셨고 소설책을 붙들고 있을 시간에 수학을 한 문제라도 더 풀고 영어 단어를 한 개라도 더 외우라고 늘 말하곤 했다.

나는 밤잠이 없어 늘 고생을 했다. 저녁 여덟시에 잠들지 않으면 아빠에게 무섭게 혼이 나곤 했다. 나는 누워서 눈을 감고 자는 척을 하는 요령을 점점 익혔고 좀더 자란 뒤에는 플래시를 잠자리에 갖고 들어가 머리끝까지 이불을 덮어 쓰고 몰래 책을 읽곤 했다.

나는 어렸을 때 『빨간 머리 앤』시리즈와 『안데르센 동화집』을 좋아했다. '앤'에 등장하는 인물들의 숭고한 우정과 거울을 반사시켜 서로 이야기를 주고받는 소통 방식에 매료되었고 머리를 초록색으로 물들이고 숨어 우는 앤의 두려움에 함께 몸을 떨곤 했다. 동굴에 숨어 두 손으로 얼굴을 가린 채 커다란 눈물을 매달고 있던 삽화 속 장면이 아직도 생각난다. '안데르센'에 나오는 이야기들의 끔찍함에 몸서리치며 전율하면서도 거기서 눈을 떼지 못했다. 그림 속 눈의 여왕이 얼마나 무서워 보였는지 모른다.

어릴 때는 누구나 그렇듯 나는 그런 이야기들을 반복해서 탐독하곤 했다. 가장 좋아하는 장면은 눈 감고 머릿속으로 암송할 수 있을 때까지 낱낱이 읽고 또 읽었기에 마치 내가 그 일들을 겪은 듯한 착각이 들 때도 있었다. 나에게는 쉽게 이해할 수 없는 향수가 있었다. 나는 때로 계단에 앉아 우리 부모님은 가짜이며 언젠가 키다리 아저씨가 나를 구하러 올 거라고 상상했다. 커다란 모자를 쓰고 검은 양복을 입은 지팡이를 짚은 중년의 신사를. 그 순간만큼은 내게 그런 상상이 얼마나 큰 진실이며 구원이었는지 모른다.

나는 종종 아이에게 그림책을 읽어준다. 매일 밤은 아니고 일주일에 서너 권 정도 읽는 것 같다. 독서가 어린이에게 큰 자산이 된다고 아이에게 책을 많이 읽혀야 한다고 주변에서 이야기하곤 하지만 나는 어쩐지 책을 너무 많이 읽는 것도 사람에게 그다지 좋은 일은 아니라는 생각이 든다. 어린이집 상담이나 유치원 상담 때 이런 얘기를 하면 선생님들은 깜짝 놀라며 "참 새로운 의견이네요. 그런데 어머님은 작가 아니신가요?" 되묻는다. 아이가 말을 너무 잘한다고 작가가 되면 좋겠다고 해맑게 웃으면서 이야기한다. 그럼 나는 어두운 얼굴로 "네. 그러게요" 하며 얼버무리곤 한다.

나는 어쩌면 나와 비슷한 기질을 가진 아이를 보며 이 아이가 책에 너무 깊이 빠지면 나처럼 되어버리는 게 아닐까 하는 공포를 갖고 있었는지도 모른다. 그것보다는 현실에 발을 붙이고 좀더 즐겁게 자기 인생에 집중하며 살기를 바랐는지도.

그런데 어쩌다보니 우리는 독서 파트너가 되었다. 아이가 조금 큰 후부터 아이를 재우며 옆에 누워 책을 읽는 습관이 있었는데 어느 날 아이가 엄마가 읽는 책을 읽어달라고 부탁했고 나는 내가 읽는 시집이나 소설책 산문집 등을 자장가 삼아 읽어주게 되었기 때문이다. 대부분 아이 반응은 "무슨 얘긴지 하나도 모르겠어"이다. 그래서 살짝 안심하면서 혹은 내 멋대로 읽어주고 싶지 않은 부분은 건너뛰면서 매일 밤 책을 읽어주게 되었다.

이번 청탁을 받고 아이와 함께한 그림책 읽기 경험을 쓰고 싶어진 나는 마음대로 책을 한 권 골랐다. 사노 요코의 『태어난 아이』다. 그걸 읽어주고 같이 이야기를 나눠보고 그 일화를 글로 써야지 생각했다.

아이는 '태어나지 않았으니 아무 상관이 없었습니다'가 왜 자꾸 나오냐고 짜증을 냈다. "또?"를 자꾸 외치면서 베개를 두들겼다. 다 읽고 나서 "태어나고 싶지 않아서 태어나지 않은 아이가 왜 태어나고 싶어진 걸까?" 하고 아이에게 물었다. 아이는 뭘 그런 걸 묻냐는 표정으로 "반창고 붙이려고!"라고 대답했다. 나는 그게 너무 웃겼다. 동화의 메시지를 알려주고 싶은 마음에 "엄마의 사랑을 받고 싶어서 태어나고 싶었던 거 아닐까?" 하고 말했다. 아이는 아주 단호하게 "아니. 반창고 하고 싶어서 태어난 거야"라고 말했다. "부드럽고 좋은 엄마 냄새! 하고 말하는데? 엄마가 너무 좋아서 그렇게 말하지 않았을까?" "아니. 냄새가 좋다고 했지 엄마가 좋다고는 안 그랬어. 반창고 큰 거 붙이고 싶어서 태어난 거야." "그래서 다 읽고 나니까 무슨 생각이 들어? 재미있어?" "아니. 재미없어."

나는 『태어난 아이』가 굉장히 시적이라고 아니 시나 다름없다고 생각했고 너무 좋아하는 그림책이어서 아이도 좋아할 거라고 생각했는데 나만의 착각이었다. 아이는 언어 뒤에 있는 것을 읽어내지 않았고(못했고) 단순히 글자 그대로 책을 받아들였다. 아주 아이답게. 나는 그게 재미있으면서 약간 슬펐다. 좋아하는 걸 소개했는데 별로라는 얘기를 들은 기분이었다. 나는 아이에게 재차 물었다. "엄마가 이 책 읽고 글을 써야 되는데, 뭐라고 쓰면 좋을까?"

"사랑해"라고 써.

그게 아이의 대답이었다. 나는 괜히 기분이 좋아졌다. 사랑해. 사랑해. 그렇게 쓰라는 너의 언지가 마음에 들었다.

아이도 조금 더 커서 글자를 읽을 수 있게 되면 한 권의 책을 반복해서 읽을지 마치 그것이 자기 일처럼 느껴질 정도로 밀착하게 될지 궁금하다. 예전에는 읽고 볼 것이 많지 않아서 가능했던 일일까? 그래도 내가 진짜 엄마가 아닐 거라는 생각은 안 했으면 좋겠어. 그리고 책을 너무 좋아하지는 않았으면 좋겠다. 미안해 엄마가 이런 사람이라서.

요즘 아이는 『이유가 있어서 멸종했습니다』에 푹 빠져 있다. 방금도 하나 더 읽니 마니 실랑이를 하다가 결국 하나

더 읽어주고 재운 다음 몰래 방을 빠져나와 책상 앞에 앉았다. 아이는 대부분의 멸종이 인간 때문에 벌어졌다는 사실에 슬퍼하며 "나는 아닌데, 나는 안 그러는데" 반복해서 외치며 베개를 탕탕 친다.

 흥미로운 것이 한 가지 있다. 그림책 『태어난 아이』가 마음에 안 들었구나, 하고 시무룩해하던 내게 며칠이 지난 밤 아이가 불쑥 말했다. "엄마 근데 그거 한번 다시 보고 싶어. 그거 안 태어나고 싶어서 상관없던 아이 얘기 책." 다시 읽어주면 그땐 뭐라고 할까? 또 반창고 때문이라고 할까? 내가 낳은 아이 마음을 나도 아직 모르겠다. 그게 신기하고 재미있다.

8월 26일

시

목격자

 귀신들은 우리 머리 위를 배회하고 있다. 딸꾹질. 우리가 돌아가며 쓴 노트. 빛나는 것을 보려고 고개를 들었을 때. 돌고 있는 허공의 나무들. 눈송이들. 딸꾹질. 종말이 오면 어떻게 하지. 몇 번이나 같은 질문을 하고. 구름 속에 숨겨 둔 페이지. 딸꾹딸꾹. 닿자마자 녹아버리는 눈송이, 빛. 노트에 적혀 있던 문장. 절대로 숲을 믿지 마.

 딸꾹질. 딸꾹질. 몇 번이나 반복해 읽은 책을 다시 읽는 밤. 귀신들이 부르는 돌림 노래. 즐거워 이 시간은 즐거워. 끌어안고 밀치기. 딸꾹. 비밀이 있다면 그건 더이상 나눌 슬픔이 없다는 것뿐인데. 그래도 괜찮아? 밑줄 긋고 덮어버린 우리의 바다에서. 무한히 반복되는 딸꾹질. 그걸 보고 있는 네 개의 다리들.

 나만 쓸 거야. 이제 내 시에 너는 들어오지 마. 그런 말을 했는데. 나뿐인 눈밭에 남아. 우수수 쏟아지는 잎잎잎. 더이상, 더이상, 더이상 사랑할 수 없을 때는 끝없이 손가락을 세고. 밤새도록 거리를 쏘다녔지. 영혼을 뒤흔드는 딸꾹질. 물을 안다고 적고 물을 모른다고 말하고 이별을 대할 때는 깨끗한 얼굴로, 딸꾹.

 이번 생은 다 끝났어요. 이제 상영관을 나가주시기 바랍니다. 멀리서 아르바이트생이 빗자루를 들고 기다리고 있었고. 엔딩 크레딧이 와르르 무너지는 동안. 온몸을 뒤흔들며. 딸꾹질. 빛의 딸꾹질. 어둠의 딸꾹질. 목소리 목소리가 들려. 말해줘. 한번 더. 그런 말이 들려올 때. 딸각, 문 닫히는 소리. 영영 눈밭에 서서. 종말이 온다면.

 아니 온 걸까. 마지막 대사를 아직도 기억해. 죽어. 그런 말을 마지막까지 잊지 못해서. 죽어. 죽어. 계속 되뇌던 밤이 있었고. 삶이 한 편의 영화라면. 나의 배역은 무엇이었던 걸까. 노트의 맨 마지막 장에 적혀 있던 질문. 쫓겨나면서. 아무것도 모른다는 얼굴로. 어리둥절해하며. 딸꾹딸꾹. 귀신들이 다정히 어깨를 주물러주는 밤.

 종이 치는 소리가 들려. 멀리서부터 울리는 소리가 들려. 눈 속으로 걸어가는 비스듬한 어깨. 잘리는 풍경. 파도가 왔다 갔다 지워버리는 우리의 문장들. 귀신이야. 다 주문이야. 절대로 눈뜨지 마. 펑펑 쏟아지는 딸꾹질. 가운데 주저앉아. 말했지. 말하지 못했지. 딸꾹. 딸꾹. 모든 질문을 지워버리는 딸꾹질.

8월 27일

시

마법의 영역

 마법사들은 파란 땅에 모여 살았다
 아주 사소한 마법이라도 괜찮다 머리카락이 빨리 자라는 마법, 일 초 뒤의 미래를 보는 마법, 단 한 송이의 눈을 내리게 하는 마법

 파란 땅에서는 온갖 파란 것들이 자랐다
 파란 장미 파란 쌀 파란 복숭아 파란 버섯들 당연히 모든 요리는 파랬다 마법사들은 파랑을 신성한 색으로 때론 가장 친근한 색으로 여겼다

 마법사들의 공동체에는 학교가 없었다
 이미 주어진 것만 잘해도 되었다 어린아이들은 둘러 앉

아 각자의 마법을 연마하며 낮을 보내고 밤이면 어른들이 돌아가며 이야기를 들려주었다

  용과 싸운 이야기(이빨이 얼마나 뾰족했는지!)
  파란 땅의 바깥에서 반투명한 새를 만난 이야기(깃털이 얼마나 반짝였는지!)
  처음 실전 마법을 부렸을 때 실수한 이야기(빗자루가 부러지고 지팡이는 땅에 떨어졌단다)

  마법사들은 필요한 모든 것을 갖고 있었다
  머리를 뉘일 베개, 음식을 입으로 가져갈 포크, 스스로를 표현할 멋진 언어(멀리서 들으면 유리구슬이 부딪히는 소리처럼 들렸다)

  소란이 시작된 건 한 소녀의 방문으로부터였다
  저는 감정과 반대로 표정을 지을 줄 알아요
  이것도 마법인지 알고 싶어요

  어른들은 더이상 아이들에게 이야기를 들려주지 않았고

격렬한 토론으로 밤을 지새웠다
   그동안 아이들은 서로를 깨물며 시간을 때웠다
   아이들이 파랗게 멍드는 동안
   파란색에 대한 인식이 뒤바뀌는 동안

어른들은 소녀를 새장에 가두고 고통을 주었다
처음에는 막대기로 찌르거나 굶기는 정도였다
아직도 웃고 있어? 즐거워해?
멀리까지 볼 수 있는 마법사에게 사람들은 물었다
마법사는 수정구슬에 소녀의 얼굴을 띄웠다

맑은 눈에 기쁨이 가득해서
혼란이 가중되었다

더 많은 고통
더 많은 고통

(돌팔매질, 뜨거운 기름 끼얹기, 칼로 베기, 입에 담을 수 없는 나쁜 말들)

아이들이 온통 파래진 다음 모든 일이 멈추었다 아이들은 마법을 서로에게 시험하기 시작했고 사소한 마법을 부리는 아이들은 무시당했다 너 따윈 마법사도 아냐!

이토록 친근한 아이들

강력한 마법 앞에 굴복하는 법을
아이들은 자신도 모르게 저절로 습득했다

새장 문을 열어 소녀를 내려다보던 어른들
얼굴에 새겨진
숨을 멈춘
웃음, 웃음

이제 마법을 확인할 길은 영영 사라졌다
눈동자에 새겨져 있던 기쁨은
도대체 어디서 온 것이었을까?

8월 28일

산문

나에게 가장 좋은 아픔

그때는 내가 나의 빛을 다 몰라서
그럴 수 있었어

숲을 보고 숲이라고 생각하고
바다를 보며 파도를 아끼던 그때는
얼마든지 자유롭게 아플 수 있어서
오히려 그럴 수가 있었어

보이는 것을 전부 믿어도 되었던
그런 시절이 내게 있었어

샤워를 하다가 문득 하나의 문장이 떠올랐다. 근사하거

나 멋진 문장은 아니고 그냥 평범한 문장이다. '이제 나의 날이 시작되었다'라는 문장이다. 그 문장이 시작된 순간부터 내 안에서 하나의 목소리가 생겼다. 화자가 생겼다.

  샤워를 마치고 나와 물을 마시며 생각한다. 그 목소리의 주인은 누구이고 어떤 삶을 살고 있으며 '나의 날'은 무엇이고 왜, 지금, 어떻게 해서 '시작'되는 것인지. 나는 아주 천천히 생각한다. 문장을 포스트잇에 적어 컴퓨터 모니터에 붙여놓는다. 그리고 볼 때마다 조금씩 상상의 크기를 키워나간다.

  나는 섣불리 시로 돌입하지 않는다. 가끔은 일 년 정도 생각하는 것도 있다. 모니터에는 많은 포스트잇이 붙어 있다. 그것들이 전부 시가 되는 것도 아니어서 보다가 말다가 하는 경우도 있다. 하지만 언젠가 시가 될지도 모른다. 아직 나의 시가 다 끝난 건 아니니까.

  섣불리 쓰지 못하는 데에 큰 이유는 없다. 여기에서 관념적인 부분이 개입하는데, 나는 범박하게 말하자면 문장을 씨앗 같은 것이라고 여긴다. 심자마자 수확할 수는 없는 노릇이니까. 생각이 무르익고 커져서 주체할 수 없을 때까지

기다려야 한다고 느낀다. 그건 오롯이 '느낌'의 영역이어서 어떤 것은 재빨리 시가 되기도 하는데 또 어떤 건 잘되지 않거나 오래 걸리기도 한다. 이런 면에서 나에게는 참 고지식하고 촌스러운 구석이 있다. 그런데 그게 잘 고쳐지지 않는다. 다른 방법은 잘 모르기 때문이다. 사실 고쳐보려고 생각한 적도 많지 않지만. 시가 잘 써지지 않을 때는 내 시작법에 문제가 있는 것은 아닌지, 다른 시인들은 어떻게 시를 쓰는지 궁금할 때가 많다. 그런데 시를 어떻게 쓰냐고 물어볼 수도 없고 물어봐도 다들 웃기만 한다.

이제 나의 날이 시작되었다

앞도 뒤도 없이 깨끗한 한 줄의 문장을 두고 생각을 공글리며 무성해지는 시간은 시쓰기에서 가장 힘든 동시에 재미있는 부분 중 하나이다. 내가 농부라면 씨를 뿌려놓고 기다리는 시간일 것이다. 기다리고 생각하는 일은 작가에게 실제 노동으로 취급해도 되는 시간일까 아닐까? 농부라면 아니라고 할 수 있겠지만 글을 쓰는 사람에게는 언제나 두 가지 면이 동시에 있다. 나는 그냥 농부만 할 수는 없다. 싹을 밀어올리는 흙속의 씨앗도 나인 것이다. 아직 움트지 못한 씨앗도 그 내부는 하나의 세계이고 무한히 술렁이는 하나의 창이 되기에, 발상의 예열은 시에서 가장 중요한 순간이기도 하다. 그러니 가만히 누워서 뒹굴거리는 시간도 나의 노동시간이라고 주장하고 싶다.

  살면서 접하고 받아들인 책이나 드라마, 영화, 음악 등이 구상에 많은 영향을 준다. 이 시기에 막 접하는 것도 영향을 미치기는 한다. 나는 그런 것을 좋아한다. 이 책 저 책을 동시다발적으로 읽으며 그 책들이 내 안에서 뒤섞이며 만들어내는 화학반응을 지켜보는 것. 전혀 다른 분야의 책들을 함께 읽으면 이상한 시너지가 생긴다. 그 작용들 속에서 나의 문장과 문장에서 촉발된 사유들도 함께 끓어오른다. 순간의 불꽃이(늘 그러면 좋겠지만 가끔씩) 튈 때 나는 나를 넘어선 지점까지 뛰어오를 수 있다. 그게 시를 쓰는 기쁨인 것 같다.

  어떤 오해는 너무 달콤해
  도저히 끊어낼 수가 없어

당신이 나를 보며 울었으면 좋겠다
꺾인 무릎 뒤에서
나는 그럼 실소를 터뜨리고 싶다

엉망으로 뒤엉킨 것들이 되고 싶다

네가 절벽에 서 있다면 밀어버릴 거야

일단 쓰기 시작하면 쓴다. 쓰고 읽고 다시 쓴다. 이제 됐다는 생각이 들 때까지 계속 쓴다. 언제 됐다고 생각이 드는지는 또 '느낌'의 영역이어서 나도 정확하게 말할 수는 없지만, 더이상 쓸 수 없을 때까지 영원히 내달리고 싶다고 자주 생각한다. 언어가 끝 간 데까지 갔으면 좋겠다. 도저히 갈 수 없는 곳까지 나를 데려가줬으면 좋겠다. 그러면 더 살 수 있을 것 같다고 생각해. 이 지긋지긋한 세상에서 몸을 벗고 날아오르게 해주는 것은 문학이다. 항상 그렇지는 않지만, 쓰고 있을 때 일 초씩 그런 순간들이 온다. 모든 것이 더할 나위 없이 자연스럽고 필연적으로 맞아떨어지는 순간. 나는 그 순간의 정합성을 사랑한다.

  마감이란 것에 쫓기다보면 기실 늘 이런 방식으로 작업할 수는 없다. 온 힘으로 미는 한 편의 시가 있다면 그 시를 쓰는 동안 틈틈이 다른 시도 쓴다. 장면에 의지하는 시, 무언가 아슬아슬한 순간에 뚝 떨어지는 시. 그런 시를 쓰는 것도 괜찮다. 가끔은 시간을 오래 들이지 않아도 흘러나올 때도 있다.

  내가 사과와 회전문을 함께 두었을 때 그 두 사물 사이에서 생겨나는 긴장감이 시를 시적이게 해준다. 시를 시로 만들어주는 것은 사과와 회전문이 아니다. 그 사이의 공백이다. 공백을 조정하고 벌리고 좁히는 놀이를 하는 것은 살면서 내가 하는 일 중 가장 흥미로운 일이다. 얼마든지 많이 해도 늘 새롭기 때문이다. 함부로 말할 수 있다면 거기서 시의 아름다움이 생겨난다고 말하고 싶다. 가장 적당한 거리를 계산해서 언어를 두고 그 언어들의 자장 사이에서 발생되는 반응을 지켜보는 것은 일종의 실험이다.

  나쁜 사람도 없고 좋은 사람도 없다

더 나쁜 사람과 덜 나쁜 사람
더 좋은 사람과 덜 좋은 사람

더 나쁘면서도 더 좋을 수도 있다

시인은 끝없이 멀어지는 양갈래 길을
동시에 걷는 사람

그 사이에는 강이 흐르고
강이 흘러서

그 물을 다 말할 수 있을까
어디까지 이어져 있을까

    초고를 쓴다. 쓸 수 있을 때까지, 기진맥진해질 때까지 쓴다. 초고는 보통 아주 길다. 많이 길다. 긴 시를 컨트롤하는 것은 어렵다. 한꺼번에 조망하기가 힘들기 때문이다. 초고를 두고 가장 먼저 하는 일은 지우기다. 생각은 어쩔 수 없이 인과적이고 촘촘할 수밖에 없어서, 공백을 만들려면 사후적인 조정이 필요하다. 『가능세계』를 쓸 때는 이 부분에 몹시 천착하여 곤충학자가 표본을 만드는 것처럼 정밀하게 작업하는 데에 중점을 두었다. 또한 모든 것이 이미지를 통해 말해지기를 바랐기에 이미지의 선명도를 높이는 것에 시간을 많이 쏟았다. 화자가 직접 발화하면 시가 너무 정동으로만 움직일 것 같아 두려웠다. 등단 전 습작을 하던 시기에 그런 말을 많이 들었다. 너무 감상적이라고. 그 말이 내게는 일종의 족쇄가 되어 어떻게 하면 더 건조해질 수 있을지를 정말 많이 고민했다. 내가 아플 때 아프다고 말하면 안 될 것 같고, 내가 울 때 눈물을 말하면 안 될 것 같았다. 그건 시가 아니고 일기라고 누군가가 했던 말이 귓전을 맴돌았다. 그 말은 맞기도 하고 틀리기도 하다.

시는 퇴고로 만들어진다 해도 절대 과언이 아닐 것이다. 퇴고가 없으면 시는 그냥 이미지와 사유의 조각 모음에 그칠 것이다. 첫 시집 이후 『도움받는 기분』을 쓸 때는 조금 다른 작업을 해보고 싶었다. 스스로 억눌러온 목소리를 토해내고 싶었다. 모든 것을 이미지를 경유해 이야기하는 것이 지긋지긋했다. 약자의 발화 방식이라 느껴지기도 했고 내가 자꾸 이미지 뒤에 숨는다는 생각이 들었다. '결코 말할 수 없는 것이 있다'는 것은 상처를 중심에 둔 세계관 같았다. 상처를 숨겨야 하고 부끄러워해야 하는 것이다. 나는 다 까발리고 싶었다. 흉터가 가득한 피부를 가리기 위해 늘 걸치던 카디건을 벗어던지고 태양 아래 맨살로 드러나고 싶었다. 그래서 『도움받는 기분』은 직접적인 목소리들이 가득한 시집이 되지 않았나 싶다.

『도움받는 기분』은 그래서 시끄럽다. 시끄러워서 좋다. 그런 소란을 견디는 일이 때로는 기껍다.

내가 새라고 말하면 새라고 들어주면 좋겠다
빨강이라고 하면 빨강을 떠올리면 좋겠다

새에서 날개, 활강, 상승 등을 꺼내지 않고
빨강에서 피, 파토스, 뜨거움 같은 것을 만들어내지 않고

새의 자리에서 새를
빨강의 자리에서 빨강을

지울 수 있을 만큼 지운 다음에는 재배치한다. 모든 단어와 문장이 자신의 자리를 적당한 구역 안에서 찾을 수 있게 배치한다. 물론 이것도 그냥 나의 느낌일 뿐이다. 칼은 부엌에, 비누는 화장실에 두고 싶을 거다. 그럴 때는 칼을 현관에, 비누를 난간 위에 두는 식으로 여기저기 옮겨다니며 이곳저곳에 놓아본다. 이건 아무렇게나 하는 건 아니고 나만의 규칙이나 기준이 있다. 언어화해 적어본 적은 없지만 최대한 적어보자면 이렇다.

일단 설치미술과 유사하다. 일정한 규칙을 두고 움직이지만 그 규칙이 눈에 빤히 보이거나 금세 간파당하지 않는 것이 좋다. 모든 흐름은 자연스러운가 아닌가를 기준으로 한다. 부자연스러움도 결국에는 자연스러움에 기초해 있다. 전부 부자연스러운 것은 작위적이다. 자연스러움들 속에 돌연한 것이 왕왕 있어야 그것이 신선해 보이고 눈이 간다. 거리는 각자의 존재와 형태를 빛낼 수 있을 만큼이어야 한다. 언어에게도 각자의 공간이 필요하다. 하나 의도적으로 혼란스럽게 언어를 덧대놓을 때도 있다. 그때는 각각의 언어보다 그 언어의 뭉텅이들이 주는 교집합으로서의 효과를 앞에 둔다. 나는 반복을 몹시 좋아하는데 그게 이런 경우라고 볼 수도 있다. 반복에 사용되는 단어나 구절은 반복으로 필연성을 획득하기에 물론 그 말을 선택한 이유가 있겠지만 말보다 반복의 효과에 더 중점을 둔다.

헤비메탈을 좋아한다. 정적인 음악보다 헤비메탈이 더 차갑고 침묵에 가깝다고 느낄 때가 많다. 가장 조용한 순간을 시 안에서 만들고 싶다면 폭발할 것처럼 시끄럽게 만드는 일이 그것에 더 유사하다고 느낀다. 시는 단순하게 말하면 세 가지 경로를 통한다. 내가 쓰려고 했던 것과 내가 쓴 것 그리고 다른 사람이 읽은 것. 나는 과거에는 쓰려고 했던 것과 다른 사람이 읽은 것을 최대한 비슷하게 하려고 노력하는 시를 썼다고 생각한다. 지금은 그렇지 않다. 쓰려고 했던 것과 쓴 것 사이에서 생기는 간극이 즐겁다. 계획과 실제 사이의 괴리가 신기하고 그 변모를 지켜볼 수 있어서 다행스럽다. 그리고 그것이 다른 사람에게 어떻게 전달될지를 생각하지 않으려고 노력한다. 누군가 나에게 무언가를 기대한다는 생각이 들기 시작하면 거기에 맞춰 시를 써야 한다는 마음이 드니까. 그런 마음이 시에 독이 되는 것 같아서 무섭다. 언제까지나 제멋대로 망나니처럼 시를 쓰고 싶어서. 읽고 싶은 대로 읽겠지, 하고 조바심을 내려놓는 연습을 하려고 노력한다.

시를 쓰는 사람은 언제나 독자를 의심한다. 왜냐하면 온전하게 주고 싶기 때문이다. 상하지 않은 마음을 주고 싶어서. 내 시를 잘 이해 못하면 어떻게 하지? 걱정하게 되고 자꾸만 설명하게 된다. 그러면 중언부언하고 한 얘기를 또 하게 된다. 마치 술 취한 사람처럼. 그건 너무나 이해받고 싶어서 절박해서 그런 거니까. 근데 그러면 사람들은 안 듣는다. '전에 술 마실 때도 그 얘기 하더니! 쯧쯧' 하면서 듣기 싫어한다. 그래서 독자를 굳게 믿거나 아니면 차라리 아무도 내 시를 안 읽을 거라고 가정하는 게 좋다.

내가 생각하는 가장 좋은 방법은 가장 가까운 한 사람, 그 사람이 이것을 읽을 거라고 생각하고 쓰는 것이다. 그런 사람이 없을 때는 읽고 싶은 대로 누군가 읽어도 그만 안 읽어도 그만, 이라고 쿨한 태도를 취하는 게 좋다. 근데 사실 그건 쿨한 건 아니다. 쿨병 걸린 거다. 어디까지나 쿨한 척하는 것뿐이니까. 그래도 안 하는 것보다는 나은 것 같다. 계속 바깥에 휘둘리면 자기 자신이 사라진다. 타자의 요구와 기대에 반응하는 존재가 되어버리고 텅 비어버린다. 그런 건 하나도 매력적이지 않다.

이해가 잘 안되는 시를 읽으면 대개 사람들은 두 가지로 반응한다. 이 시는 어렵고 천재가 쓴 거다, 아니면 이 시는 잘못됐다. 그건 자꾸 의미를 찾으려고 하기 때문에 벌어지는 현상 같다. 근데 재미있는 것은 스스로에게서 문제를 찾는 사람과 바깥에서 문제를 찾는 사람이 있다는 점이다. 가끔 풀리지 않는 시를 읽게 되면 그런 생각이 든다. 내가 이제 너무 꼰대가 되어서 시를 잘 못 읽는 사람이 된 거면 어떻게 하지? 갑자기 겁이 난다. 그리고 막 화가 난다. 어쩌면 어떤 시는 그냥 거울 같은 거 같다. 시는 직관의 영역에 있지 이해의 영역에 있지 않다는 생각도 든다. 너무 많이 이해하려고 애쓰는 일이 인간의 비극인 것 같다고. 혹은 축복인 것도 같다고.

머리에서 나무가 자라기 시작한 날부터

나는 흙이었나

만년 동안 돌을 삶던 동안

돌을 삼키던 동안

그건 씨앗이었나

거울 안에 파프리카가 있다

무한해지는 파프리카

　지우고 지우고 배치하고 배치한 다음에는 살을 붙이는 작업을 한다. 미흡하다고 생각되는 부분을 보충한다. 그런 과정에서 처음에 지웠던 것이 다시 돌아오는 경우도 있다. 이럴 거면 왜 지운 거지 싶지만 그 작업을 모두 수행한 결과물과 그렇지 않은 결과물 사이에는 몇 광년의 차이가 있다. 나는 그렇게 생각한다. 오랜 시간 쓰고 지우고 쓰고 지우고를 반복한 결과가 결국 아무것도 하지 않은 것과 같을 때도 있다. 결국 전부 지워버렸거나, 처음 쓴 그 상태로 다시 돌아올 때. 그래도 시인은 그 과정 안에서 겪고 느끼고 흔들린다. 그 과정을 거치지 않는다면 결코 배우지 못했을 것들을 배운다. 그래서 시가 이상하고 애틋한 장르인 것 같다. 살을 붙인 후에는 무엇을 하느냐고? 다시 지운다. 다시 배치한다. 그리고 다시 살을 붙인다. 만족스럽다고 느껴질 때까지 이 세 가지 일을 반복하고 또 반복한다. 나의 느낌에 따라서. 모든 게 완벽하게 만족스러울 수는 없겠지만, 그렇게 하다보면 이제 됐다는 생각이 들 때가 있다. 그 순간 내게 오는 찰나의 충만함은 무엇과도 비교할 수가 없다.

어떻게 장시를 쓰냐는 질문을 많이 받아왔다. 이 글이 질문에 대답이 될 수 있을 것 같다. 또 이번 기회를 통해 내가 시를 얼마나 사랑하는지를 다시금 깨달을 수 있었다. 진심으로. 나에게 가장 좋은 아픔은 전부 시에서 발생하므로.

내 빛은 다 꺼져버렸어요

무엇도 밝힐 수 없는 시간에
우리는 더 단단해져요

그건 내가

아는 것을 아는 만큼

모르는 것도 다 모를 수 있다는 것

사과의 내부에서 회전문이 돌고

이제 나의 날이 시작될 거예요

8월 29일

시

소녀 경연대회

1

아름다움에 눈뜨며
생기는 불행이 소녀들에게는 있지

주름진 레이스를 짓밟으며

나 기다렸어
오늘이 도래하길
영원히 길어지는 잠 속에서
필름이 타오르길

미래

차가운 빨래를 주무를 때마다

떠오르는 이름

손을 잡고 빙글빙글 돌고 있는

소녀들

우린 자꾸 한 명씩 사라지고

한참이 지나 깨닫지

소녀의 재귀대명사는 숲

나는 비밀 노트에 적고

종이를 찢어 나무 밑에 묻었다

돌아올 때까지는

유효한 거라고

2

깨진 유릿조각 위에서 덤블링을 연습해

절벽에서 추락의 포즈를 연구해

다른 순간에도 같은 창백일 수 있어서

우린

침대에 누워 생각하지
바다를 떠다니는 배라고
천장은 금세 별이 흐르는 하늘이 되고
옆 침대의 빨강이 쏟아지는
꿈을 반복적으로 꾸었다

식사시간 작은 종지 두 개
하나는 밥 하나는 언제나 채소 반찬
선생님은 그걸 준비라고 가르쳐주었다
무엇에 대한 준비?

술래잡기중에
하나둘씩 풀썩
쓰러지는 소녀들

며칠째 누워 있는 애들도 있는데
난 너무 무서워서 침대 사이를 돌아다니며

작은 가슴에 귀를 대보았다
두—근 두—근
작은 새가 벽을 쪼는 소리가 들려
구슬픈 음악이 들려

미래 언니는 재작년 겨울에 사라졌다
입김을 불어 창문에 눈사람을 그렸던 날
눈 녹듯 사라졌다

언니 나 아직 발성 연습중인데
목소리를 찾지 못했는데
다음 가사를 다 까먹어버렸는데

3

방문의 날에만 입을 수 있는 옷이 있다
하얀 드레스 분홍 리본
레이스의 물결

그리고 눈 감고 합창하기

난 다 안다 어떤 게 누구 목소린지

미래

생각할 때마다 입속에 침이 고이는 이름

목소리를 찾지 못하게
악보를 전부 가져간 거야?

몇 달째 누워만 있던 애가 결국
부푼 빨강이 되어서
운구 행렬을 따라 걸으며

갈림길에서 나
어느 쪽으로
머리를 누이면 좋을까
나도 사라질까

완성되는 순간

허물어지는 아름다움

오늘밤 꿈속에선 무얼
무너뜨릴까

뒤집힌 치마/노래가 완성되면/거꾸로의 세계에서
침묵을 배운다는 거/진짜 좆같아

8월 30일

시

의미 없는 삶

 너와 캠핑을 가 모닥불을 피운 밤을 떠올렸다. 그걸 써야겠다고 생각하며 천천히 기억을 더듬고 있었다. 치솟는 불을 보면 어쩐지 마음에서 촛농이 뚝뚝 떨어지는 기분이 들어. 모든 게 더 가깝다. 언젠가 할 수 없는 것들이 많아지면…… 나무를 주워와 불을 피우고 멀리서 나무가 흔들리는 소리를 듣는

 그런 생활을 해도 좋겠다.

 첫발
 땅을 박차는 순간의 힘
 시공을 찢는 힘

나는 처음 본 사람을 원하게 될 수 있을지 물었는데, 너는 돌을 금으로 만들려고 애쓰던 옛날 사람들 이야기를 들려주어서 내내 그것이 어떤 의미였는지 곱씹게 되었다. 나는 가끔 내가 거대한 솥에서 끓고 있는 낙엽 같아.

세계가
매일 환하고
매일 어둡다는 것을
알지만 이해하지 못해서

어째서 우리는 자꾸 광물의 마음이 되는지, 그걸 분류하고 들여다보는 눈은 왜 차갑게 빛나는지. 너만 알고 있어, 로 시작되는 긴 이야기를 하고 싶었는데 들려줄 비밀이 없어서.

비밀이 없다는 건 조금 슬프고 조금 안심되는 일. 공중에 떠다니는 불티가 아름답다. 그런 걸 보면서 아름답다고 느끼는 게 웃겨. 우리가 한때 모르는 사이였다는 게 이상해. 닮은 구석이 없는데도 너를 보면 나를 보는 것같이 익숙해

서. 그때 알았다. 너를 사랑하게 되었다는 것을. 돌을 금으로 만들려는 것은

열망일까, 오만일까. 강바람에 하얀 입김이 흩어질 때
수면 위로

금박을 입힌 가느다란 막대가 떠올랐다
설명할 수 없지만 그건
우리다

                *

구체가 돌고 있다
검은 구체가 돌고 있다
허공에 검은 구체가 돌고 있다

악마의 손은 따뜻하고

가장 짙은 검정은
빛을 흡수한다

언제쯤 조랑말을 그냥 말이라고 부르게 되는지 알아?

말은 달리면서 조금씩 놓친다

자신과 시간과 공간을
자신과 시간과 공간을

*

가끔 우리가 커다란 동물 속에 살고 있는 작은 세포들이라고 느꼈다. 사람을 구하고 싶은 마음은 어디서 오는 걸까. 알고 있니. 어쩌면어쩌면어쩌면으로 시작되는 질문과 가정들. 사는 것에는 아무 의미도 없는데 너 때문이라고 생각하면 조금 더 살아도 될 것 같아서. 내가 모르는 세계의 규칙이 있을 것만 같아서. 그런 것을 믿는 힘을,

비웃으면서도 은밀히 소망했다. 나의 새가 숨을 멈추며 날개를 접을 때.

밤새 오열했다는 말 대신 웃음이 났다고
적었다 나는

내가 악마이기를 바랐다

*

구체는 돌면서 커진다

불이 타올라
불이 타올라

최초의 낙마는 가장 자신 있었을 때
우리는 하나고
어디까지든 갈 수 있다
확신했을 때

산 위로 도깨비불이 그네처럼 흔들거리고

봐 네 눈을

봐

*

 불 앞에서만 꺼내놓을 수 있는 얘기가 있다면, 물 앞에서 꺼내놓는 이야기와는 다른 이야기. 활활 타오르는 것을 보며 시간이 영원히 멈춰버리길 바라며 자꾸 장작을 집어넣었다. 봄을 열고 나갔다가 겨울에 돌아온 사람이 겪은 믿을 수 없는 나날들. 내가 감히 상상해도 될까. 나의 여름과 가을은 무람하게 흘러갔다. 빈 곳을 응시하는 눈의 뿔이 길어졌다. 투명하고 긴 고깔 모양의 뿔. 양피지 위에 휘갈겨 쓴 천년 전의 편지. 벌거벗은 채 땀을 흘리며 운전을 하는 꿈을 자꾸만 꿨다. 브레이크가 들지 않아.

 누가 나를 멈춰줘

 끝없이 달리다 결국
나무가 된 채 절벽에 서 있었다

 단 한 번도 움직여본 적 없는 것처럼

*

나의 취미는 기만이고 나의 특기는 절망이다. 혹자는 나를 보고 할 줄 아는 게 절망뿐이라고 했다. 중요한 건 절망이 아니라 절망이 도래하는 길인데, 왜 모를까. 진짜 절망뿐이라면 단 한마디 절망이라고 쓰면 될 텐데. 내가 이런 얘길 하면 너는 갑자기 조용해진다. 긍정도 부정도 할 수 없는 사람. 아주 조금씩 움직여 결국 태산을 들어올리는 사람.

모든 것을 메타포로 말하려는 네가 싫다

이름을 전부 지웠어
네가 오해할까봐

내 책상은 화단 한가운데 있다. 머그컵에 꽂힌 연필들에 자꾸 봉오리가 맺힌다. 나는 그때마다 가위로 싹뚝싹뚝 자르지. 피어나지 마. 꽃이라면 지겨워.

지겨워

너는 말했다

집을 떠나던 날이 생각나서

봄이 싫다고

*

너를 마중하던 날 운전을 하다 로드킬당한 고양이를 봤지. 나는 비명을 지르고 너는 침묵했다. 이제 슬픔이라면 지겨워. 신나고 귀여운 것만 생각하고 싶다고.

자는 것처럼 보여

잠든 것들은 다 예뻐 보여

영원히 도착하고 싶지 않은 마음도 세상에는 있어서 계속 브레이크를 밟았다. 네 집이 더 멀리 있었으면 좋겠다고.

*

타고 남은 것은 전부 색을 잃는다

미리 적어두었던 마지막 문장

예전에는 사랑은 잿더미를 뒤지는 손이라 썼는데, 이제는 타오르는 것을 가만히 지켜보는 일이라는 생각이 들어.

결국 금이 되지 않더라도 마음만으로도

8월 31일

일
기

마지막 여름은 나와 함께

 나는 여태 쓴 모든 글을 통틀어 '추억'이라는 말을 한 번도 쓴 적이 없다. 추억이란 말은 어딘지 추상적이고 감상적이며 모호하기 때문이다. 추억에 대해 써야 할 때는 차라리 '기억'이라 쓴다. 추억이란 말은 어쩐지 보이지 않는 안개를 잔뜩 몰고 다니는 기분이다. 문장의 선명도를 떨어뜨리면서 문장을 뿌옇게 만든다. 그런데 오늘은 어쩐지 추억이라는 말을 쓰고 싶어졌다.

 마지막을 예감하기란 어려운 일이다. 살면서 비슷한 질문을 여러 번 받았는데, '마지막에 읽고 싶은 시는 무엇인가요?' '마지막에 읽고 싶은 단 한 권의 책이 있다면 무엇인가요?' '마지막으로 듣고 싶은 노래는 무엇인가요?' 같은 것들이다. 왜 우리는 마지막을 이토록 열렬히 생각하게 되었을까. 마지막을 타진하는 일은 요원하고 또 쓸데없는 것 같기만 한데. 왜 계속 끝을 상상할까. 끝에는 리본이 걸려 있고 거길 넘으면 팡파르가 울리는 것도 아닌데.

그래도 만약 마지막 여름에 무엇을 하겠느냐고 누군가 묻는다면 나는 무어라 대답할까, 곰곰 생각해보았다. 마지막 여름. 나는 사실 내 감각으로 닿을 수 없는 미래에 대해서 이야기하는 것을 좋아하지 않는다. 마지막은 너무 멀고 혹은 너무 가까울 수도 있으니, 도저히 예상 가능한 것이 아니지만.

나는 바다에 가고 싶다. 바닷가에서 낭독회를 하고 싶다. 나 혼자 하는 것 말고, 모두가 가장 좋아하는 한 권의 시집을 가져와 돌아가며 시를 읽었으면 좋겠다(모두가 와줄지는 모르겠지만 희망사항을 말하자면!). 왜 좋았는지도 함께 얘기하고 싶다. 이런저런 목소리들이 모이고 허공에 쌓여 작은 소용돌이를 만들면 좋겠다. 커다란 목소리, 떨리는 목소리, 빠른 목소리…… 어떤 목소리든 좋을 것이다. 색색의 소리들이 빙글빙글 돌며 점점 커지는 원.

 낮부터 밤까지 해가 지면 커다란 모닥불을 피우고 동그 랗게 둘러앉아 시를 얘기하고 싶다. 나는 술을 끊었지만 그 날만큼은 와인 한잔 정도는 마시고 싶다. 칠링한 샤도네이 와인을 마셨으면 좋겠다. 우리는 많이 웃고 또 울고 시에 얽힌 자기만의 추억을 이야기할 것이다. 나는 이 시를 왜 썼는지 이야기하는 것을 저어하는 편이지만 그날만큼은 다 이야기할 것이다. 어떤 순간 어떤 단어가 어떻게 찾아왔는지. 그게 무성해진 방식은 무엇인지. 무슨 마음을 담고 싶었는지. 사람들이 늘 궁금해하는 것. 어디까지가 진짜 경험이고 어디부터가 허구인지도 얘기할 것이다. 시가 가진 아우라가 있다면 싹 다 벗겨버릴 거다.

 그때 나는 어떤 모습을 하고 있을까? 백발이 성성한 노년이 되어 있을까? 여름이라 밤이 되어도 많이 춥지 않을 것이다. 그러니 가장 아끼는 원피스를 입을 것이다. 그때 무엇을 아낄지는 아직은 모르겠다. 지금 당장 고르라고 한다면 나는 주저없이 검정색 원피스를 고르겠지만 해변에 어울리는 휴양지 느낌의 꽃무늬 원피스 같은 것도 좋다. 대신 꽃이 엄청나게 크게 그려져 있었으면 좋겠다. 조금 징그러운 느낌이 들 정도로.

그날 무슨 시를 읽으면 좋을까. 나는 자주 자신이 없어진다. 내가 지금까지 네 권의 시집을 냈다는 사실이 믿기지 않고, 앞으로도 시를 쓸 수 있을까, 하고 자주 생각에 잠긴다. 나는 내 언어를 잘 믿지 못하는가보다. 매번 시를 써놓고 어떻게 썼지? 스스로에게 질문을 던진다. 내 안에 이렇게 많은 언어가 있었다는 것이 믿기지 않는다. 최근 한 학생이 내게 물었다. 선생님도 시를 못 쓸 때가 있어요? 어떻게 쓰지 하는 생각이 들 때가 있어요? 나는 대답했다. 매일매일 그래. 나도 그래. 그래도 경험적으로 안다고. 못 쓸 때가 항상 있어왔지만 결국 또 썼다고. 이런 리듬에 익숙해질 거라고. 그러니 걱정하지 말라고.

그래도 그날은 마지막으로 쓴 시를 읽고 싶다. 삶의 지혜도 깨달음도 없는 나의 현재에 대한 시였으면 좋겠다. 멋이 없어도 정직한 시. 내 믿음에 대한 시. 함부로 이야기하면서도 모든 것에 조심스러운 시. 나는 마지막으로 무엇을 쓰게 될까? 그때의 나는 어느 방향으로 두 손을 걸어둘까.

소년과 소녀가 서로를 바라보는 순간, 단숨에 전생애를 겪고 사랑에 빠지면 좋겠다. 두 눈이 오래 마주치는 것은 늘 신비로운 일. 눈은 거짓말을 하지 못해서. 눈을 가만히 들여다보면 우리는 다 알게 된다. 고통과 기쁨을. 도사린 어둠을. 그 자리에 너도 있었으면 좋겠다. 그때도 넌 내 곁에 있을까. 그러면 얼마나 좋을까. 나는 미래 같은 건 생각하지 않으려고 하는데(무서우니까). 오로지 지금에만 충실하고 싶은데. 자꾸만 기울어지는 나의 머리통.

노인이 된다고 해서 무언가를 더 잘 알게 될 것 같지는 않다. 그저 나의 가죽이 낡아질 뿐이다. 무언가를 잘 알게 되기 위해서는 얼마나 많은 반복이 필요할까? 나는 종종 생각한다. 그런 반복을 통해 잘 알게 되는 것이 좋은 일인지도 사실 잘 모르겠다. 어떤 세계의 논리에 귀속되고 싶지 않기 때문이다. 다만 더 많이 경험하고 견뎠으므로 더 단단해지기를 바랄 뿐이다. 나는 좀더 태연해지고 그렇지 못하다면 그런 척이라도 할 수 있는 사람이 되고 싶다. 지금처럼 제발 개강이 돌아오지 않기를 기도하고 있지는 않겠지.

나는 많은 사람 앞에서 이야기하는 것을 무서워한다. 작가로서는 참으로 단점인데, 사실 말을 잘 할 수 있었다면 굳이 글을 쓰려고 했을까? 하는 생각도 든다. 수십 개의 눈이 나를 바라보고 있는 상황이 나를 굳어지게 만든다. 나는 요즘 말로 뚝딱거리게 되고, 목소리는 점점 떨리고 높아진다. 그래도 늘 의연한 척하려고 노력하는데 그런 노력을 하는 게 너무 힘들다. 그래서 개강이 돌아오는 게 두렵다. 또 어떤 새로운 학생들을 만나게 될까.

작년에 신점을 봤다. 나는 미리 몇 가지 질문을 만들어 갔는데, 그중 하나가 '나는 언제쯤 쉴 수 있을까요?'였다. 나는 그날 신점을 처음 보았다. 무당이 방울을 몇 번 흔들더니 말했다. 육십은 되어야 쉴 수 있을 것 같은데. 육십이라니. 너무 멀다. 그게 내 생각이었다. 그때까지 일을 할 수 있을까? 아니, 일이 있을까? 나는 그런 게 무서웠다. 지금 보니 나는 온통 무서운 것 천지다. 걱정이 너무 많다. 매일 이렇게 작은 강아지처럼 벌벌 떨면서 살면 어떻게 해.

파도는 얼마나 멀리까지 갔다가 돌아오는 걸까, 종종 물이 빠진 바다를 보며 생각했다. 거기서 다른 물을 만나고 뒤섞이고 다른 얼굴이 되어 다시 돌아오겠지. 매일을 파도처럼 살 수 있다면 기쁠 거야. 육십도 거뜬할 거야.

인간은 너무 오래 산다. 정해진 수명보다 더 오래 사는 것 같다. 만약 인간이 백 살까지 사는 게 맞는 거라면 단 한 번만 이를 갈지는 않을 것이다. 그러니 서른다섯에서 마흔 정도가 원래 주어진 수명인 거고 그 나머지는 덤 같은 게 아닐까. 난 이미 주어진 인생을 다 산 셈이다. 그런데도 죽고 남았을 나이까지 일을 해야 한다니! 믿기지 않는다.

최근 올림픽대로를 달리며 생각했다. 존재에 대해. 내가 있는 것이 사실이라면. 아무리 생각해봐도 내가 있을 필연적인 이유가 없는데, 내가 있다는 것에는 무슨 의미가 있을까? 앞에 쓴 것처럼 뭔가를 무서워하려고 사는 건 분명 아닐 거다. 물론 삶에는 아무런 의미가 없지만. 그래서 우리는 의미를 발명해야 하지만. 그렇다면 나는 무엇을 만들어야 하는 걸까.

찬란한 파동, 펼쳐지는 물의 계단, 층층이 밟고 오르면 만날 수 있는 새로운 풍경이 있을 것만 같고. 사계절이 한 사람의 삶과 같다면, 여름은 청춘 같다. 물론 청춘이란 말 안에 봄이 들어가 있기는 하지만. 나는 내 삶의 여름은 이미 끝났다는 생각을 자주 한다. 만약 내게도 여름이 남아 있다면 그건 팔월의 끝, 마지막 빛 같은 것이 아닐까.

몇 번이나 의미를, 내가 만들어야 하는 게 무엇인지를 적어보려고 오래 생각을 공글려봤지만 도무지 떠오르지 않는다. 그런 걸 멋지게 적으며 마무리해야 좋은 글이 될 텐데. 그렇지만 한 가지는 확실하다. 내가 언제까지나 존재에 대해 질문하기를 멈추지 않을 거라는 것.

불을 앞에 두고
손에 손을 잡고
빙글빙글 돌며
춤을 춘다

빨강 노랑 파랑 초록
빨강 노랑 파랑 검정

흔들리는 빛
마지막 여름

두 팔이 날개가 되어
우리는 날아오른다

창공에서 바라본 바다의 물결
영원한 춤을

뽈

ⓒ 백은선 2025

초판 1쇄 인쇄 2025년 7월 21일
초판 1쇄 발행 2025년 8월 1일

지은이 백은선

책임편집 유성원
편집 권현승 정가현
표지디자인 한혜진 **본문디자인** 이원경
저작권 박지영 형소진 주은수 오서영 조경은
마케팅 정민호 박치우 한민아 이민경 박진희 황승현 김경언
브랜딩 함유지 박민재 이송이 박다솔 조다현 김하연 이준희
제작 강신은 김동욱 이순호
제작처 영신사

펴낸곳 (주)난다
펴낸이 김민정
출판등록 2016년 8월 25일 제406-2016-000108호
주소 10881 경기도 파주시 회동길 210
전자우편 nandatoogo@gmail.com **페이스북** @nandaisart **인스타그램** @nandaisart
문의전화 031-955-8865(편집) 031-955-2689(마케팅) 031-955-8855(팩스)

ISBN 979-11-94171-74-4 03810

○ 이 책의 판권은 지은이와 (주)난다에 있습니다.
○ 이 책 내용의 전부 또는 일부를 재사용하려면 반드시 양측의 서면 동의를 받아야 합니다.
○ 난다는 (주)문학동네의 계열사입니다.
○ 잘못된 책은 구입하신 서점에서 교환해드립니다.
기타 교환 문의 : 031-955-2661, 3580